国际儒学联合会资助出版

典亮世界丛书

《道法自然　天人合一》，彭富春　编著

《天下为公　大同世界》，干春松、宫志翀　编著

《自强不息　厚德载物》，温海明　主编

《民惟邦本　本固邦宁》，颜炳罡　编著

《为政以德　政者正也》，姚新中、秦彤阳　编著

《革故鼎新　与时俱进》，田辰山、赵延风　编著

《脚踏实地　实事求是》，杜保瑞　编著

《经世致用　知行合一》，康　震　主编

《集思广益　博施众利》，章伟文　编著

《仁者爱人　以德立人》，李存山　编著

《以诚待人　讲信修睦》，欧阳祯人　编著

《清廉从政　勤勉奉公》，罗安宪　编著

《俭约自守　力戒奢华》，秦彦士　编著

《求同存异　和而不同》，丁四新　等　编著

《安不忘危　居安思危》，吴根友、刘思源　编著

國際儒學聯合會·典亮世界丛书

脚踏实地
实事求是

杜保瑞 编著

人民出版社

出 版 说 明

　　2014年9月24日，习近平主席在纪念孔子诞辰2565周年国际学术研讨会暨国际儒学联合会第五届会员大会开幕会上的讲话中，提出了包括儒家思想在内的中国优秀传统文化中蕴藏着解决当代人类面临的难题的重要启示："关于道法自然、天人合一的思想，关于天下为公、大同世界的思想，关于自强不息、厚德载物的思想，关于以民为本、安民富民乐民的思想，关于为政以德、政者正也的思想，关于苟日新日日新又日新、革故鼎新、与时俱进的思想，关于脚踏实地、实事求是的思想，关于经世致用、知行合一、躬行实践的思想，关于集思广益、博施众利、群策群力的思想，关于仁者爱人、以德立人的思想，关于以诚待人、讲信修睦的思想，关于清廉从政、勤勉奉公的思想，关于俭约自守、力戒奢华的思想，关于中和、泰和、求同存异、和而不同、和谐相处的思想，关于安不忘危、存不忘亡、治不忘乱、居安思危的思想，等等。"习近平主席的重要讲话高屋建瓴，视野宏大，思想深邃，深刻阐明了中华优秀传统文化为人们认识和改造世界提供的有益启迪，为治国理政提供的有益启示，为道德建设提供的有益启发，对传承弘扬中华优秀传统文化具有长远的根本的指导意义。

　　为把学习贯彻落实习近平主席这一重要讲话精神进一步引向

深入，国际儒学联合会与人民出版社共同策划了"典亮世界丛书"。丛书面向对中华文化感兴趣的海内外读者，以习近平新时代中国特色社会主义思想为指导，结合新时代中国的治国理政实践，由在中华传统文化领域深耕多年的学者担纲编写，从浩如烟海的中华典籍中精选与这十五个重要启示密切相关的典文，对其进行节选、注释、翻译和解析，赋予其新的涵义，以帮助读者更好地理解中华优秀传统文化之于当代中国的价值，为解决当代人类面临的难题提供中国方案，让中国优秀传统文化同世界各国优秀文化一道造福人类！

我们应秉持历史照鉴未来的理念，传承创新包括儒学在内的中华传统文化，把那些跨越时空、超越国度、具有当代价值的文化精神弘扬起来，倡导求同存异，消弭隔阂，增进互信，促进文明和谐共生，弘扬和平、发展、公平、正义、民主、自由的全人类共同价值，为共创后疫情时代美好世界、推动构建人类命运共同体而努力。

国际儒学联合会、人民出版社

2022 年 4 月

目　录

引　言

　　谈到中华民族的伟大复兴，做法是千条万缕，其中针对恢复及弘扬优良传统文化一项，最是我辈人文学者的关切所在，目标是全面提升国人文化素养，引领全人类文明进步，追求天下太平盛世大同的理想。这样的理想，是蕴含在伟大的中华文明智慧之中的，尤其是儒家思想之内，至于道家思想，则是对这个目标的辅助性意见，或是做法上的建议，也有对不当之处的批评与修正。结合儒道思想，可以将中华民族刚强伟大与宽容隽永的民族精神，全盘呈现。本书之作，将针对中华民族的伟大精神进行思想意旨的阐释，强调其中的"脚踏实地、实事求是"的一面，呈现的方式是借由古代经典文句的阐释评析以为说明，在古人思想的激荡中呈现这一个面向的思想意旨。

　　中国儒家学派的特色，就是一套服务的人生观，儒家有淑世的理想，这也是他最主要的面貌，为了淑世，必须先做好自己的修养，这个修养，就是有利他的价值观，并且有仁义礼智的德性，而个人品德的修养就在事功的实践中，儒家就是要为社会国家服务的，然而人类的私欲难灭，所以服务的过程中容易夹杂私欲，因此做事的时候更是修养品德的关键时刻，"脚踏实地、实事求是"就是要求我们在做事情的时候，务必要想的是事情的本身，把事情做好才是关键。在做事的时候炫耀才能、刻意表现、抢功争劳、以少报多、敷衍应付，这些都是虚浮的事情，都不应该，都是做事情时要铲除的严重弊端，它反映的都是人性的缺点，把这些浮夸之处消灭了，回归本质，把事情做好，才是儒家的本色。为天下国家好，有能力的人都要实际投入社会建设之中，进入社会国家的体制单位里，努力做事，服务家国。做事，首先要脚踏实地，依据自己的实力，实实在在地做事，做有用的，而不是虚名的，把基础打好，不好贪功，这就是"脚踏实地"。其次就是要诚诚恳恳地做事，一心一意在事情的本身上，不要有别的念头，不要想夹带什么，就是一个单纯的念头把事情做好而已，这就是"诚恳做事"。然后就是要积极努力，认真负责，全力以赴，完全投入，拼尽一切力气，用力把事情做好，这就是"奋发厉行"。做事情要做好，还要关注于具体的方案，要"实事求是"，要求精确的步骤，明确的目标，正确的手段，准确的结果。

本书将以"脚踏实地、诚恳做事、奋发厉行、实事求是"四大宗旨，展开"脚踏实地，实事求是"的民族精神，依据以上四个要点，本书将分为"务实篇""诚恳篇""奋发篇""求是篇"四个篇章来进行意旨的展现。并主要借由《论语》《人物志》《菜根谭》《传习录》四部中国古代智慧宝典，来充实"脚踏实地，实事求是"精神的理论内涵。

《论语》：是中华民族人格精神教育以及国家政治哲学的最重要的经典，它形塑了我国国民的精神价值观，它说明了国家存在的目的，它建构了君子人格的图像，它呈现了圣人的气象典范，在《论语》的书中，可以充分体现本书主旨的所有价值观点。

《人物志》：是东汉末年曹魏政权时期的知识分子官员刘劭的著作，讲述对人才分类的观点，重点在教人知人善任，对于在官场职场上的人物而言，《人物志》教会我们如何"实事求是"地看人与用人。

《菜根谭》：是明代知识分子官员洪应明的著作，书中精粹地融合了孔孟老庄的思想，可以说是儒道两家智慧的精品结晶，既能砥砺志节，又讲人情练达，可以洞察事变，更能福报圆融。本书四大宗旨都尽收其内。

《传习录》：是明代大儒王阳明的著作，书中是他的弟子保留的书信以及师生谈话记录，反映了王阳明思想的全貌，重点在激励人心立志做事最能阐释"奋发厉行"的价值观。

针对以上四部经典，有何特质，以及主要主旨为何，以下申述之：

在复兴优良传统文化方面，国人首应了解儒家文明的价值观，儒家就是中国传统思想文化中的主流，是一套入世的哲学，也可以说是提出服务的人生观，人生以服务为目的，人能了解此点，生活的目的、生命的意义、日常生活的安排，就都有了重心。《论语》以仁、礼、孝三个重要价值观为全书的重点，形成了儒家的君子人格。一个人在家尽孝，在社会上以仁德的胸怀和有礼仪的行为处世，成就自己的君子人格，同时建设大同的社会。

《论语》是中华传统文化核心价值观的根本来源，了解《论语》就可以了解古代哲人的人生理想，以及中华文明之所以历久不坠的凝聚因素，那就是有理想的人以君子自我期许，从而积极主动服务社会所成。本教材的编撰，重点是把儒家的价值观说清楚，以便在现实生活上可以应用。《论语》一书，可以说是以："为学、修己、致孝、应对、辨惑、崇礼、问仁、治国"这八个面向，呈现孔子的思想世界，以下简述之。

为学：孔子好学，更好教学，本节收录孔子讲"为学之道"的观念，也讲孔子自己对于教学的态度与看法，也讲孔子的学生对老师的学问的看法。作为"至圣先师"孔子，应先学习孔子对于"为学方法"的观点。

修己："为学"针对读书学习为主，但是更重要的是学做人，"修己”一节的重点是在"君子、小人"之辨上，孔子谈做人的道理，话语最多，本节可以说就是儒家的修养论，项目、题材是最多的。

致孝：孔子对于人格养成教育，首重孝顺，一个人若不是孝子而大谈为民服务的话，这人一定是虚假的，因为心中没有爱心，所以培养君子就在家庭中尽孝做起，孔子论孝的观念，成为中华民族核心价值的特点之一。

应对：孔子是活生生地生活在职场、官场、教学现场上的智者，一些人际关系应对进退的道理，孔子也是直言不讳的。这一部分的材料可以见到孔子的生活技巧，以及处世的自我坚持之道，既不失其赤子之心，又不至于过于天真。在这里可以学到很多人际应对的智慧。

辨惑：做人要头脑清楚，但人们会做一些自相矛盾的事情，简单的道理在此辨析，一经梳理心里就明白了。

崇礼：孔子最高的价值就是"仁与礼"，"礼"就是有仁德的胸怀而后直接流露的合宜的行为，孔子重礼，同时也是治国的基本法则，此处可以见到孔子如何"摄礼归仁"的价值观点。

问仁："孔曰成仁，孟云取义"。仁德的胸怀可以说就是孔子思想的最核心的价值观，孔子如何论仁？人如何发挥仁德胸怀？本节是孔子价值观的最高原则性规范。

治国：儒家就是要治国的，君子就是要为人民服务的，孔子的教学就是要教导治国的官员的，治国的目的为何？国家存在的意义为何？可以说"治国"这一节从实务上讲就是说明孔子人生理想的落实之方，也是儒家之所以为儒家的最重要功能所在。

本书所选《论语》之典文，主要落实在上述要点中之"为学""修己""问仁""治国"等主题中。

本书之典文亦主要来自中国古代一部教人"知人善任"的管理奇书《人物志》。《人物志》是三国曹魏时人刘劭所著，是中华文明史上最玄奇的"人物评鉴理论"以及"用人宝典"。刘劭一生混迹官场，虽得其善终，但目睹波涛汹涌的政治巨变，体察英雄人物的进退吉凶，深察详探，终于了悟人物评鉴的根本原理，遂发挥文思，笔之于书，成《人物志》。既能用之于己，而处身得正；又能建立学说，而传诸久远。

《人物志》是领导者必备的人事管理工具书，更是任何有志争逐职场人士的自我调理的修养工具书，拥有它的智能，你将会更清楚地认识你的上司，也将会更清楚地认识你的下属，更重要的是，你更能清楚自己的不足与极限。你有职场人际关系的困惑吗？你有领导团队、冲锋陷阵的雄心壮志吗？你有回顾人生、反省自己、给自己打分数的兴趣吗？本课程将借由原典的逐字导读，介绍书中的原理，说明理论的意义，辅以实例的讨论，带领学员进入人事管理的最高智慧之道。

本书说明官场与职场上各式人物形态的特征，剖析各类型人物的材质高下优劣，解析各类型人物为世所用时的长短之处，教导分辨不同材质人物的外貌及内心，不仅能从大处看优点，更能从隐微之处看缺点，最后提出兼具众材之美者必是中正平淡之上乘人品的理论。

对于适任职务的人才类别：无论是为了举荐人才还是为了品鉴人物，《人物志》基本上将人才分类为："清节、法、术、国体、器能、臧否、伎俩、智意、文章、儒学、口辨、雄杰"这几类。清节家为品性高洁可为人典范者，法家为制定仪轨可为人遵循者，术家为通达权变能解决问题者，国体为兼具三才气量广大而可综理全国事务者，器能为兼具三才但能量稍弱然亦足以综理地方全体事务者，臧否为能分辨是非善恶提出正确价值判断却缺乏宽恕之道及为人典范者，伎俩为具备专业技术能力能解决特定问题者，智意为了解人心顺应环境让人心宽却未必遵守正道者，文章为擅长表意能发为文字下笔宏洒者，儒学为认同孔孟了解经义可担任教席者，口辨为讽诵思想辨析入微擅长辩难者，雄杰为胆识卓越勇猛过人能上场杀敌保卫国家者。

对于品评人物真伪的细腻智慧：人物志各章对人才品鉴有种种深刻的道理与细腻的眼光，人才成熟的时间早晚问题、类型同异以致能否了解他人的问题、有近似人才却实质不是者、有看似不是人才却其实是真正人才者、有虽是人才却只能适用在不同大小格局的情况、有只能在特定场合环境才能发挥能力的问题、有身兼数种能力的通才、有只具某种特定能力的偏才、而所有的人才都是有一方面的能力就有相对应的缺点，以上种种，都是《人物志》中十分细腻的品鉴人物的智慧。

学习《人物志》，我们可以得到什么？在职场上，依据自己的优点，学会如何获得职务而被人重用；其次，观察别人的优缺点，知道如何用人，而能避免受到伤害或坏了公家的事业。再者，认清自己的缺点，补足不足之处，追求自我成长，不因骄傲而与人争斗，导致失去活动的舞台。最后，抱持服务社会的理想，既展现所长为社会所用，更能用人得宜而成就事业，从而造福世界。总之，第一流的人才是能力要广泛而平均、性情要温和而勇敢、待人要尊重且谦下、处事要智虑且胆识。

《菜根谭》是完成于明朝的一部中国传统人生智慧的宝典，明朝末年的一位读书人，也是官员，洪应明，他搜罗了自古以来流传于民间的人际关系应对技巧的警语，加上自己的创作，编纂出了《菜根谭》这部著作，意思是心平气和地看透人生，看透之后，找到处世的技巧。由于书中的文字，深谙人性，揭露了世间人的种种善恶面貌，对于在职场上打滚的知识分子而言，正好是检视自己，以及了解他人最好的指导原理。此书问世之后，不断在各个社会阶层间广泛流传，对于有理想的知识分子，提供了最佳的处世智能。《菜根谭》的思想基础，就是传统儒道两家的人生智慧。儒家重视服务的人生观，要努力改善社会，一方面要求自己立志为人；另一方面深刻反思善恶，掌握是非。庄子则是看透了人性的丑恶，愿意放下世俗的评价，追求自己的适性逍遥。老子则深谙人际互动的规律，掌握人性善恶种种变化的原理，既要追求儒家淑世的理想，又了解人性的负面心理，因此由自己的谦让做起，掌握改变世界的关键角色，创造利人利己的丰富人生。《菜根谭》正是以孔孟、老庄的思想为原理，而在各种现实生活的具体场景中，展现了儒道智能的实际操作方法。

《菜根谭》是中国古代知识分子在官场上应对进退、实战演练的真实心得，文字中充满了解决尖锐问题的操作守则，是一部面临纠结复杂的人事场景的解套之书，提供了世人处理人性问题的锦囊妙计。在今天来学习《菜根谭》，首先会让人们的头脑立刻冷静、理性下来。不仅充满了理想，同时非常务实；绝不让自己身陷险境，但也不让自己沦落世俗；既能让人提升品位，又不让人冷傲孤高；既能让人和光同尘，又不让人低俗不堪。作为一个在职场上奋勇前进的现代企业人，《菜根谭》正是让人们提升人际智慧的最佳作战宝典，可以砥砺青年追求理想的志节，可以学习分辨人性善恶的要点，可以培养练达处世的人情智巧，可以透视狡诈诡谲的人性内涵，可以洞察多变难知的人间世事，可以品味人品优雅与否的境界高下，可以培养终生永配的福泽绵延，可以深知家人相处的根本道理。这是因为，《菜根谭》就是中国古代知识分子处世的教战手册，是两千年来中国儒道志士混迹官场的生存法则，因此也就是今日有素养的国人人生进退的指导原理。

《菜根谭》作为人生智慧的总宝库，有几类的主题特别符合本书的精神宗旨，包括砥砺志节、人情练达、培养福德。砥砺志节是谈：人生在世，首先就是要做一个有理想的人，这是因为，人人都想生活在美好的社会里，然而社会的好坏，并不是无因而成，一定是有人付出才会变好，也一定是有人破坏才会变坏。有理想的人，希望社会好，就愿意付出，愿意就是立志，然而，人有好胜心，急于成功，这就不能坚持到底了。《菜根谭》告诫，要坚持服务的人生观，不是件容易的事，要有良好又坚毅的心理素养，"砥砺志节"这一节，重点在建立坚定的品格，了解作为一个社会上有用的人，应该如何坚守信念，以为社会服务。人情练达是谈：一个人能够立志为社会服务，又在善恶行为的分辨上清清楚楚之后，那就可以在社会事务的应对进退上，展现处世的智慧技巧。人性是复杂的，情感是丰富的，心事是隐微的，要服务社会而行善，就是做利益众人的事情，但对复杂的人心而言，如何做才是对他好？这就要懂得人情世故了。《菜根谭》就是充满了处世技巧的智慧宝典，"人情练达"这一节特别是由自己出发，以自己可以掌握的角色与方法，对待世人，让所有被服务的人，内心满意。能做到这点的人，通常在团体里就是十分受欢迎的人了。《菜根谭》是孔孟的理想与老庄的智巧有机综合之下的宝典，出发点就是要改善社会，让世界变得更好，过程中渗透了人性种种善恶机巧之辨，懂得了如何应对人性之恶，透过深刻的观察与理解，最终还是积极入世的态度。为了把事情做好，既能坚守理想，又能避开人性的邪恶，还能逃脱人世的陷阱，最后创造社会建设的良好效果。既为自己，更为社会带来福祉，"培养福德"是《菜根谭》中谈人生智巧的最高境界了，它透露了如何将为人处世、待人接物的道理，融会贯通。

以上砥砺志节、人情练达、培养福德三类主题的《菜根谭》文句，就是本书典文的主要来源之一。

本书亦以王阳明《传习录》文本为典文主要材料，重点在对阳明心学思想进行意旨阐述。王阳明之学以《大学》诠释为出，其致良知、知行合一诸说皆是出自《大学》概念，但其思路却是孟子学的，孟子学旨在于，对于良知固有的绝对信心，以及对于个人修养的直接要求。阳明学，一言以蔽之，要求个人立志做圣人之学。工夫发自心性内在，故而谓之心学。阳明心学，在指点弟子修养工夫方面，取得重大实效，故而天下景从，自其而后，明代儒学皆是阳明后学，迭至当代新儒家，阳明学亦是新儒家学者高视道佛、较劲西学的典范宗规。阳明学在今日的倡导，宜在国人心性修养的志节砥砺上，人人立志做个君子，人人于心性上自我要求，要求事事利他，要求时时勘查良知，亦即念头上做工夫，每事问其价值利害，是利他的天理之路，还是从己的人欲之途？如此下工夫，凡是反求诸己，便是孟子学及阳明学的心学要旨。

阳明《传习录》中适合选入本书典文的，就是他的心学进路的工夫心法，包括：

致良知：阳明以孟子良知良能我固有之为人性善的本体，将大学致知工夫理解为致良知工夫，成为阳明心学最核心的工夫心法观念。

知行合一：阳明以朱熹格物致知为闻见工夫，缺了知行合一的功效，遂重解格物致知为正物正心以致良知，从而格致诚正皆一即知即行之工夫，而创知行合一、知易行难之说，以为阳明心学核心之工夫心法。

格物致知：王阳明致良知工夫及知行合一立说的意旨本来十分清晰，唯此二说皆因大学文本诠释而来，其中最与朱熹注解意旨相异的，就是格物致知概念的解读方向，此二说不明，阳明心学不能成立，故而务必再三致意其说，格物致知论遂成为阳明心学工夫心法中最重要的观念。

止于至善：大学之道，在明明德，在亲民，在止于至善，至善之说，与孟子性善论一贯，又为实践哲学进路的阳明心学之工夫极则，修道求学则必仁极仁、义极义不可，此善恶之间又是儒佛两家的几微之地，不可不辩。四句教及四无说即是辩之于此，是以止于至善乃阳明心学工夫心法要目。

圣人之道：作为天下第一等人，这就是年轻时候的王阳明心中所想所志之事，但一般人就是想想而已，王阳明却是身体力行奉献一生地从事于此，百死千难中体会至深，反观孔孟圣人之心，便体贴如己心，于是有关于圣人之述说甚多，其中，成色分两说便是出于圣人之道的讨论，该文亦是阳明文选精华篇章之一，因此，论于圣人之道乃列为阳明心学工夫心法要目。

心即理：阳明唱心即理，程朱讲性即理，实有关涉交流之空间在，后人以为必损其一，形成哲学史上的大辩论。实际上心即理说就是说工夫境界的话头，性即理说就是说本体价值的话头，阳明以朱熹外理于心，唱心即理，后人不免于心即理和性即理说中大作对立文章。心即理亦成为阳明心学工夫心法的要目。

天理人欲说：朱熹讲去人欲存天理，阳明也讲去人欲存天理，大本大节中不能有别，天理人欲说也是阳明心学工夫心法要目之一。

人心道心说：并天理人欲说又有人心道心说，意旨相同，亦为中庸文本解读之旨，阳明亦多次论及，编为阳明心学工夫心法。

主一说：程朱讲敬存，讲涵养需用敬，而敬即主一之功，敬即本体工夫的操作型定义，主一即敬之操作型定义，此义，阳明用之亦然，不多不少正是朱熹之用法。列为阳明工夫心法要目。

工夫指点：除以上诸项之外，阳明随口言说的工夫心法尚有不尽的话头，以下节选之。重点在几句话说出了一番大道理，有点像智慧语录的格式，却不像前几项之配合大学文本诠释的理论，而形成一整套的系统。

工夫问答：阳明才高过人，理论透彻，实践到位，在教学现场上亦是直指人心，弟子每有疑问，常是一针见血，直透病灶，却多忠言逆耳。阅读阳明教诲弟子的问答之说，常使人自觉汗颜惭愧。

以下所选，是将前述心学工夫落实于己身病痛上的实际疗程，与下一节机锋往来所选，同是阳明《传习录》最惊心动魄的急诊室加护病房医疗现场。

教学机锋现场：阳明授徒，颇似禅门师弟子间的机锋往来，问答之际不是知见交流，而是当下治疗，直刺弟子心性病痛之所在。以下所选，都是阳明与弟子在问答之际有多次往返的对话文本，透过来往之间，看到弟子的闪躲、规避、好辩、惊恐，以及阳明的自由挥洒与责心切切，真是血淋淋的圣学教学现场，遇上阳明这样的教授师，弟子内心世界，无一可逃，受其针砭之时，亦是最具疗效。本节可以说是阳明文选中最精彩的一部分，读者自行阅读之际，若能不需解释就能立即明白，则读者已是阳明知音，剩下自己力学力行就能朝向圣位。

以上四部经典，乃本书典文之所出处，每一部都是笔者平日授课讲学最常用的经典，适合作为本专题的典文材料，谨此呈现，敬请指教。

第一篇

务实

《论语》篇中通过学习的方法为何在于务实劳动？如何做一个实在的人？礼乐的核心为什么是仁？官员处理政事的原则等几个角度展现务实精神。

《菜根谭》篇中通过通才人物的处世态度，开会时如何得人心？人在职场上应如何取得长久的成功？在职场上登上高位的竞争智慧，人才的自我培养观念，做人务实做事而不计功劳，持家读书与为官的好形象，真正君子人格的表现，开会时的公私态度，人生为何要做有意义但没目的的事情等几个主题说明务实的重要性。

《传习录》中通过做事情为什么要靠自己的主动性？涵养与识见之间的工夫之别，培养成材者必须舍弃兴趣爱好吗？当下存心专注为何就是工夫等等几个角度体现中国人务实的精神。

15-30：子曰："吾尝终日不食，终夜不寝〔1〕，以思；无益，不如学也。"

——《论语·卫灵公第十五》

注释

〔1〕终夜不寝；整晚不睡觉。

译文

孔子说，我曾经整天不吃饭，整夜不睡觉，用力地想着事情的道理，却还是没能想明白，放着这样空想，一点用处也没有，还不如脚踏实地去做事，从做中学，才能弄明白。

解析

这一条讲学习的方法在于务实劳动。

孔子是思想家、哲学家，当然要常常思考，想好事情的道理，而所有的理论建构，也必然是基于他的经验之所得，以及阅读古人著作之理解所得。孔子是最好学的，他曾说："十室之邑，必有忠信如丘者焉，不如丘之好学也。"（《论语·公冶长》）那么孔子是如何学习呢？从小，孔子喜欢玩礼仪的游戏，给小朋友们安排角色，进行排演，玩一套祭祀礼仪的活动。这肯定是观察成年人的行为而模仿所学到的。长大之后，他大量阅读，反复推敲，更加明白礼仪的用意。虽然如此，他还是一有机会就积极询问，"子入太庙，每事问。或曰：孰谓邹人之子知礼乎？入太庙，每事问。子闻之，曰：是礼也。"虽然是礼貌性的垂问，当然也是在印证他自己的所

脚踏实地　实事求是

15

学，所以，实地考察，大量阅读，才是他为学的方法。当然，最后也靠推想，用清晰的思想，把所理解的事情落实下来，然后借由教学表达出来。如果不是借由这样的过程，而只是自己闷头空想，既无素材，又无经验，那如何想得通什么道理呢？还不如去翻阅书籍上的知识，去实际亲身操作，才更能知道关键的要点。至于孔子的思考，思也是学，"学而不思则罔，思而不学则殆"（《论语·八佾》），后面这个学就包括了去做，去操作了。最后，思而不做则无益，因此学就是做。总之，实实在在脚踏实地去做，才真正有助于把道理想明白。

　　现在年轻人做事，碰到不会的事情，不想问人，自己也不想解决，就杵在那里浪费时间，等事情办坏了，找借口说不知道该怎么做，这样的态度，比起孔子的终日以思还不如。

7-25：子曰："圣人，吾不得而见之矣！得见君子者，斯可矣。"子曰："善人〔1〕，吾不得而见之矣！得见有恒者，斯可矣。亡而为有，虚而为盈，约而为泰，难乎有恒矣！"

——《论语·述而第七》

注释

〔1〕善人，实际上做出了一些事情、帮助了众人的心地善良的人物。

译文

孔子说，在当世发现圣人，我是没能看到的，能够见到几位君子，我也满足了。又说，心地善良又能做事的好人我是看不到了，能够看到几位做事有恒心的人也算不错的了。现在这个世道，充斥着没本事装作有本事的人，没实力装作有实力的人，没资源装作资源丰富的人，这样的人，怎么可能有毅力且持之以恒地做事呢。

解析

这一条告诉我们要做一个实在的人。

"圣人"一定是影响天下的人，改善天下的人，历史上就是像尧舜禹汤文武周公这样的人，才会被儒家学者称为圣人，圣人不世出，不易见到，也不能强求。对于身边周围的人，求其能为"君子"就是最理想的了，圣人也是君子持之以恒而终成大业的。"君子"就是自己要求自己，努力学习，修养品格，进而服务社会的人，但是他还没有达到能兼善天下的境界，他可以独立做一番小事业，但是平天下的大事业，还须等待圣人来领导。虽然如此，在社会上可以见到君子，孔子心里也已经很高兴了。圣人与君子是孔子最常使用的人才概念，换个字眼，要求小一点，以"君子"为标准，能够利人利己，做个对社会有用的人，就是"善人"。"善人"就是能做好事情的人，能把事情做好，就需要脚踏实地，实事求是，也就是有恒，不造假、不躐等、不贪功的人，有恒者至少对于自己该做的事情认真持续地做着，至于"亡而为有，虚而为盈，约而为泰，难乎有恒矣！"这些都是造假的人，既然喜欢造假，就不会持续不间断地把事情办好，当然就做不到利他的成就了。"善人"是已经做到了，"有恒者"是还在努力学着做事之中，但能持续不间断。"无恒者"都是意志不坚定理想不高远的人，社会上尽是许多这类人的，他们虽然不能有所贡献于社会国家，却也不甘寂寞，甚至好胜贪功，所以才会"亡而为有，虚而为盈，约而为泰"。

做"圣人"是王阳明直接说出的为人的理想，不能说这是好高骛远的，因为这确实是儒家的终极理想，一般人"虽不能之，却心向往之"，那就努力做个"君子"就好，有多少能力做多少事情，成为社会上有用的"善人"，"善人"就是要持之以恒，不虚伪、不好胜。人人以此自勉，虽无圣贤，亦自世道清平。

今天，职场上的所有的人，都应该是一位"善人"，也就是能把事情做好的人，有用的人。

3-3：子曰："人而不仁，如礼何？人而不仁，如乐何？"

——《论语·八佾第三》

17-11：子曰："礼云礼云，玉帛云乎哉？乐云乐云！钟鼓〔1〕云乎哉？"

——《论语·阳货第十七》

注释

〔1〕钟鼓，敲钟打鼓时的钟鼓，可演奏音乐。

译文

孔子说，做人而没有仁德的关爱之心，那么光有表面的礼仪行为又有何用？有精致优美的音乐曲调又如何？

孔子说，讲到礼仪，不是遗人以精美的玉帛之礼品就是有礼了。讲到音乐，不是由钟鼓丝竹发出来的声音就是音乐。

解析

这一条讲礼乐的核心是仁。

做人就必须要有仁德之心，仁德之心就是对人的关心，一切人生的活动都是在人与人之间的，即便是独自一人，与己相处，也要慎独。因为最终还是会影响到别人。仁德的关心，就会有礼乐的表现，礼是合宜的举止、悦人的姿态，乐是情境的点缀、情感的抒发。两者都是怡人悦性的，但是，文明的教育会使人失去真诚，变成只重礼乐的形式表达却不重仁德的关心，于是孔子要强调回复仁德的本心，也就是时刻关心别人。礼就是关心，而不是礼品。乐就是心声，而不是乐谱。礼以副仁，乐以表心。都不是礼品乐曲而已。

所有的礼乐制度，都是出自关心，如果只是为了自己的权威，以礼乐的形式，限制别人、要求别人，这就是私心，这样的礼乐也是假的。礼乐是仁德之心的外显行为，乐是音乐歌声，以调理性情，礼是规则仪典，以范式举止行为，礼和乐两者一定都是发生在人与人之间的。

我们可以好好反思一下，有没有无关德性而是单纯的礼的形式及乐的形式呢？乐是没有的，礼也是没有的。礼好了解，礼一定是人与人之间的关系性行为，人与人之间的互动，就一定是要有礼的，无论是不针对特定的对象的行为，或是直接针对对象的行为，都是必须注意礼的。不特定对象的行为亦须是合宜的行为，例如幽默、逗趣、搞笑、健身、运动、舞蹈等活动，虽然不是针对任何特定的别人，亦须自己守礼。至于在舞台上的表演，讲笑话，跳舞，等等，此时，表演的内容，所讲的话语，也必须契合社会风俗，若是恶作剧，乱开玩笑，就等于针对了特定的人物，这也绝对不能不管礼节。就算是自己单独一个人的行为，儒家讲慎独，个人的行为的结果，都会关乎别人，每个人也不是单独一个人，所以不能不重礼。至于乐，表面上非关仁的乐很多，纯粹抽象的、情感的、意识流的，都可以有乐的形式，而无人际的目的。但是从人的角度来说，音乐若是导欲增悲，就不对了，平常听各种音乐，是为了让我们心情舒适愉快，若是产生烦躁愤怒，就违背仁德了。就传统儒家而言，在过去礼乐资源匮乏的情况下，一切礼乐的实施，皆是以仁摄礼、以仁摄乐的。今日之儒者，固然可以接受更多形式的礼乐，甚至不重形式，但无论如何，只要是礼乐，对仁都是不可违逆的，因为这直接影响自己以及与他人的关系，也就是说，礼乐是为人而服务的，因此不可能有脱离人与人之间的仁德关怀的礼乐行为。

13-17：子夏为莒父〔1〕宰，问"政"。子曰："无欲速，无见小利。欲速，则不达；见小利则大事不成。"

——《论语·子路第十三》

注释

〔1〕莒父，鲁国地名，在今山东莒县。

译文

孔子的弟子子夏，掌理莒父这个地方的政事，问孔子有关政治事务的处理原则。孔子说，做事不好急于成功，不可以贪求个人的小利益，急于成功反而事情成功不了，贪求自己的小利益则公家的大事业就没法完成。

解析

这一条讲官员处理政事的原则。

这里讲的是具体做事的细节，由细节中就见出个人的修养，这些仍然是仁德之心、为公忘私的原理。

欲速，为什么要速？速也是应该的，公家的事，为了民生，宜速。很多公事是慢慢做的，百姓着急，官府不急，关键是官员只顾私利，公事就不肯出力。所以首先还是要强调，做公家的事情，要急。但是，为了自己的成功、得功劳而欲速，这就不对了，肯定挂一漏万，甚至手段不宜。

不欲速也不是可以慢慢拖，慢慢拖绝对是错的，所以不欲速的重点是在讲为了贪功求快而导致事情的品质粗糙，甚至手段不当，这是不行的。

有哪些情况下会欲速或叫做欲速呢？部属能力有限，做事快不了，主官没有体恤之心，一味欲速。为了公共事务早日完成，以便向上级邀功，不管事务本身的节奏，一味欲速。希望事情尽快完成以卸除责任压力，不管事情做得够不够好，只想草草了事而欲速。这些都是有背官箴的行为。

至于小利，首先要分是私人的小利，还是公家的小利。因为照顾私人的小利而影响公事的做法，绝对错误，做公家的事情本来就要摒除私利。但是，若是公家的小利呢？仍是不宜。小利就是原来计划中不是要点的事情，如果是要点的事情，那都在计划中了。办公家的事情就是要计划好，做的都是目前资源可能、法令可能、目标明确的事情，溢出此事之外的其他目标，在一开始的时候就要考虑进去，一旦考虑进去，就无所谓小利大利，都是要点。若是过程中才出现的状况，某些可能的顺便为之的公家利益，这也不是不能追求，只是从政管理的角度，必须通盘考虑资源的调配，临时发生的小利必须不能影响大事的目标。当然，若是开始的规划不够周全，做了以后才发现必须修正以求利，这就不是小利，这是大利，必须为之。于是诚恳无私才是重要的决胜点。

至于私人的利益那就是小利了，用心在私利上，则用于公事之心思就减弱了，因为注意力不够，关键时刻重要场合分心了，很可能就是一不小心坏了大事。再者，为了小利，很可能影响大事做事的进度方式，一旦有些冲突，尽顾小利，又坏了大事。

以这样的态度诚恳务实地做事，就不会犯错失误了。

与通人言，则同解而心喻；与众人言，则察色而顺性。虽明包众理，不以尚人；聪叡资给，不以先人。善言出己，理足则止；鄙误在人，过而不迫。[1]

——《人物志·材理第四》[2]

注释

〔1〕语出《人物志·材理第四》，"通材之人，既兼此八材，行之以道，与通人言，则同解而心喻；与众人言，则察色而顺性。虽明包众理，不以尚人；聪叡资给，不以先人。善言出己，理足则止；鄙误在人，过而不迫。写人之所怀，扶人之所能。不以事类犯人之所婟，不以言例及己之所长。说直说变，无所畏恶。采虫声之善音，赞愚人之偶得。夺与有宜，去就不留。方其盛气，折谢不吝；方其胜难，胜而不矜；心平志谕，无适无莫，期于得道而已矣，是可与论经世而理物也。"

〔2〕《人物志·材理第四》的主题，是就各种不同人才，在互相讨论辩议时会有的种种好坏不一的态度，来了解他的才干形态，也就是说可以从"辩论"时个人的做法态度，来看一个人的能力形态。《材理篇》可以视作古代官场的会议哲学。

译文

当通才碰到通才时，无声有声都好，一讲就通。当他们跟众人谈话、说理、游说时，会观察听者的状态，了解他们的立场、爱好以及忌讳，适当地发言，不会造成冲突。他们虽然自己事事皆晓，却不会因此自恃高大上，而轻视别人。他们虽然聪明过人，腹中理

23

论丰富，但仍不会抢人家的话，会让别人先讲完，别人讲得舒服畅快了，才把自己更有道理、更有深度的话慢慢说出，这样别人也愿意听取了。而讲话时，把重要论点讲完就好了，因为是要让别人有自己思索理解的充裕时间，不要占满整个发言的时段，让别人听得累坏了。当别人讲错话时，让他知道错了就好了，不会借此压迫别人，而是会给别人留面子。

解析

通才者，就是各种能力的人才的通备综合，事事皆能了解，且怀抱理想，积极为社会服务。最重要的是，通才谈事情是为服务国家社会的，而不是为自己的利益，更不是只是追求面子而已。为了把事情做好，对每个人都是极为尊重的。现代人开会，常常在会场上起冲突，结果人际关系搞坏了，事情也办不好了。通才者为了把事情办好，脚踏实地，只管事情办好，不让自己好胜，任何时刻，谦下待人，这样做事情才能圆满。

如何在会议场上不得罪人又能提出有效意见说服众人的关键，还是在于胸襟，首先是确实有能力，知道缓急轻重，甚至枝微末节，然后就是待人的真诚，对人的关心，用人的谨慎，这样讲话时才会顾及别人的感受，因此话讲完之后人人都接受了。如果因为自己能量强，就表现出好胜的姿态，讲话压制别人，不论会议结果如何，事情肯定是没法圆满了。所以，做大事，胸襟第一。

写人之所怀，扶人之所能。不以事类犯人之所婳，不以言例及己之所长。说直说变，无所畏恶。采虫声之善音，赞愚人之偶得。夺与有宜，去就不留。方其盛气，折谢不吝；方其胜难，胜而不矜；心平志谕，无适无莫，期于得道而已矣，是可与论经世而理物也。

——《人物志·材理第四》

译文

讲话要先讲人家关心的事情，要肯定人家擅长的事情。不要举例暗示别人所犯的过错，不要谈话老是讲自己的风光经历。该怎么说话就怎么说，讲究是非，不要畏惧。对于低阶干部的观点要适当采纳，对于能力差的人的成果要给予赞美。辩论有输赢，结束后就不再留恋。对方气盛就先避开，自己辩赢不要骄傲。心平气和，以事情办好为最高目标，而不意气用事，非如何不可，这样的人才算是接近得道者了，可以敦请他综理天下万事万物了。

解析

这一条讲开会时如何得人心的具体做法。

开会时，对别人关心的事情，要赶快先提出来讨论，以获得让人心安的结论；对别人能力的强项，要先开出话题，让他们有机会受到赞扬。这样，别人也会愿意支持你在这次会议中要处理的事情了。不要故意挑一些话题，那些都是涉及别人痛点的事情，人家本来不想被提出来谈论，而你把话题提出来，虽然不是直接骂人，却是暗中压制别人，让人家难堪，这样做事是很犯别人的忌讳的。不要老是提一些自己得意的话题，以致人家又得要夸赞你，这显示你自己很幼稚，永远忘不了过去的一点点小成就而不能进入新的局面。开会，就是要关心团体目前所面临的大事，我们是来贡献才能的，而不是只想要在众人面前让自己很有面子而已。对于该讲得有道理的话，也不怕别人的恶势力，能够直言不讳，勇于说出，以追求整个团体的福祉。即便别人地位低下，若有好的意见，也要采纳。平常很不行的人，有时也会碰巧能提出好的意见，这时也要接受、肯定、赞美他们。不过，他们这些人之所以会开口，还是因为你自己平时对人态度良好，才有可能，否则他们不说话没人嫌他话少，相反还得冒着言多必失的危险，因此就算有好的想法也不会愿意说出来，现在难得愿意说出来，而且是很好的想法，就当然要积极采用。讲话不论是要支持或是反对他人的意见，都是站在就事论事的角度说话的，可以据理力争，但须得理则止，不再追击。拿得起，放得下，而不是比气势、比面子，以致一直执着在同一件事情上，发泄情绪。别人采取高姿态时，可以谦退一下，也不觉得委屈，因为不想引起冲突。讲话赢过别人时，就立刻收敛气势，给别人留余地，因为不是要赢过别人，而是在为国家做事而已。心平气和，就事论理，什么事都没有非如何不可的做法，只是每件事情都努力推动而已，因为一心只是为了社会国家好。这种通才者，才是可以谈论经理天下事务、且一起勠力实行的栋梁之材。学会了这些做事方法，在今天的社会，肯定成就非凡。

《人物志》教导的会议场上的讲话技巧，根本就是人生的大智慧，是国家栋梁者必须具备的智慧。而这样的胸襟气度之养成，除了要在职场上实战演练之外，必须读书，深入经典，明白道理，真正具备社会理想的人，才能为我所用。

然则卑让降下者，茂进之遂路也；矜奋侵陵者，毁塞之险途也。是以君子举不敢越仪准，志不敢凌轨等；内勤己以自济，外谦让以敬惧。是以怨难不在于身，而荣福通于长久也。〔1〕

——《人物志·释争第十二》〔2〕

注释

〔1〕语出《人物志释争第十二》，"盖善以不伐为大，贤以自矜为损。是故，舜让于德而显义登闻，汤降不迟而圣敬日跻；隙至上人而抑下滋甚，王叔好争而终于出奔。然则卑让降下者，茂进之遂路也，矜奋侵陵者，毁塞之险途也。"

〔2〕《人物志·释争第十二》，本篇从人与人之相争时的不同做法，品鉴人物境界的高下。重点在指出，祸害起于高傲，千万勿与他人争斗私利，便能荣禄长久不衰，这正是老子的谦下智慧，也是本书最后的总结，所以"老子"的谦退思想，正是《人物志》最后的告诫。

译文

处事谨慎，待人谦让守下者，却是在官场上快速上升的大道；骄傲自大，欺压迫人者，则会毁坏自己的形象，终于堵塞自己的上升道路。所以，君子平日的行止，不敢超越众人一般的标准，心气不敢凌越既有的等序；平日自己积极努力，学习成长，认真工作，以增强自己的实力；对外处处谦虚处下，做事诚敬畏惧，避免强人不喜。其结果，平日既无人找麻烦，长官不忌惮、同事不排挤、部属不怨恨，这样的人，人人欢迎，在职场上将屹立不摇，而且荣誉日增、福祉日长。

这一条讲人在职场上应如何取得长久的成功。

想要在职场上长久不败，最根本的道理就是，脚踏实地，实事求是，待人谦虚，做事认真。为什么呢？原因就在于他人的观感。职场上工作，与众人相处，别人的观感决定了你的前途，平日谦冲自牧者，人人喜其掌权，于是上举下推，人人皆欲送其上高位；反之，今日骄矜狂傲者，明日得势之后，岂不伤人？是以无人愿其晋升。所以，做事认真却态度谦虚，就是职场长青的保证。

当然，这是指在有固定秩序的社会结构中而言，若是脱序的社会，如战乱之时，则应当仁不让，勇往直前，拯救黎民于水火而不能谦辞。又，承平时期，平日待人客气谦和，但受命执掌时，亦须勇往直前，不可畏缩，否则亦失君子之道。谦德的操作，以不凌人为主旨，并且以避开无谓之灾险为原则，但是谦德并不是畏难怕事，并非事事逃避，不肯承担。或虽然大权在手，却不敢大刀阔斧。做人就是要做事的，做事就是要做好的，只是不要骄傲凌人就好，事情办得好，待人又谦虚，人家当然希望你在职位上长长久久的，这就是职场长生之道。

《人物志》既有儒家的承担精神，又有老子的谦让技巧，是儒道共构的圆融智慧，熟练于此，正是职场长青之进路。

是故，君子之求胜也，以推让为利锐，以自修为棚橹；静则闭嘿泯之玄门，动则由恭顺之通路。是以战胜而争不形，敌服而怨不构。若然者，悔吝不存于声色，夫何显争之有哉？[1]

——《人物志·释争第十二》

注释

[1] 语出《人物志·释争第十二》：是故，君子之求胜也，以推让为利锐，以自修为棚橹；静则闭嘿泯之玄门，动则由恭顺之通路。是以战胜而争不形，敌服而怨不构。若然者，悔吝不存于声色，夫何显争之有哉？彼显争者，必自以为贤人，而人以为险诐者。实无险德，则无可毁之义。若信有险德，又何可与讼乎？险而与之讼，是柙咒而撄虎，其可乎？怒而害人，亦必矣！《易》曰："险而违者，讼。讼必有众起。"《老子》曰："夫惟不争，故天下莫能与之争。"是故，君子以争途之不可由也。

译文

君子在职场上的竞争，以推举别人站上位、谦让好处给别人为锐利的武器，以努力自修为遮雨的屋顶和划船的摇桨。不该讲话时什么话都不从口中说出去，该做事情时对任何接触到的人都恭恭敬敬，所以职场争赢了，冲突的场面却没有出现。竞争对手对自己十分服气，而没有埋怨。一旦做到这样的境界，便没有言语和表情上的后悔姿态，更哪来争强斗胜的场面呢？

解析

　　这一条讲在职场上登上高位的竞争智慧。

　　有能力的人做事，位子越高，权力越大，就能做更多的事情，也就是要一直做事一直升官，这就是平步青云了，人人羡求之局。平步青云之道，在于稳步成长，而不制造敌人。做法是：功劳推给长官、权力和人分享、利益分给部属，自己谦虚待人，却积极学习，勇于付出，以培养实力，以此为护身的法宝，以此为进步的良策。

　　君子守位被动时，绝不多说傲慢无礼的话，不制造无谓的麻烦。开始行动时，绝对谦逊，极力避免可能接近的危险。故而，在机构单位发展的过程中，因为人际关系良好，处事得宜，地位步步上升，等于是从竞争中胜出了，但却不见他有与人争斗的作为，竞争者被他超越之后，竟然乐于接受他的领导，而心中没有怨恨。竞争的各方面人马，都没有不愉快的感受，几乎可以说：根本就没有争斗的事情发生过。

　　在为国家、为机构服务的时候，个人的地位逐日上升，同样是团体中人，谁的地位最高，谁就是竞争中的胜出者。而最终的胜利，一定是归于君子所得的。君子就是为国家社会单位团体服务奉献的人，小人就是在做公家的事情时，只顾私利，甚至损人利己的人。君子视地位为公器，小人视地位为私利。因此，君子与小人必有相争之局。

　　然而，已经是君子了，还争什么呢？为何需要注意相争的道理？这是因为，太平盛世亦有小人当道，故须小心防范灾难；太平盛世亦有可改革之事业，故需积极付出，掌握可以做事情的地位；太平盛世亦是处处危机，稍一不慎，好风水过去，世道又道微了，又落入需要君子舍生取义挽救世局的时候了，故而需要防止小人争到实权实位。因此，君子还是要在位，也更是要掌权的，但是，小人更想在位掌权。小人在位为利，君子在位为施展抱负，即是为服务社会作出贡献。是故，君子、小人之争，不论衰旺之世，皆会发生。

　　掌握相争之道，目的在于不相争，不相争私利，只争天下。"夫唯不争，故天下莫能与之争。"这就是《人物志》中的老子智慧，也正是现代职场常胜将军的智慧锦囊。

脚踏实地　实事求是

能脱俗便是奇，作意尚奇者不为奇而为异；

不合淤便是清，矫情求清者不为清而为激。

——《菜根谭》〔1〕

注释

〔1〕《菜根谭》，明朝的官员洪应明，依据儒道两家经典的智慧内涵，遍观历史名人经验，结合个人生命阅历，所编写的格言式教条著作，三百多条，文字既辩证又洗练，意旨深入人性，触发共鸣，它就是中国古代知识分子在官场上实战演练的作战心法，将人生各个阶段、各个位阶的角色心态勾画清晰，提供人们在各种不同境遇下的处事技巧，既能砥砺志节，又能透视人性从而人情练达，还能洞察世变掌握福祸，更能培植福德品味境界。自发行以来，深刻影响中国知识界，又普及至东亚地区，成为各政府单位和民间企业人士的职场宝典。

译文

要做一个出奇的人物，能摆脱世俗攀缘的作风就可以了，而不是刻意做一些奇特的动作，这只是标新立异，而不是清新脱俗、奇美之境。

要做一个道德清洁之人，只要不与人同流合污就可以了，而不是刻意和一般人不同，显得特别清高，对比出别人的无德，这其实是激化对立，而不是自致清洁之境。

这一条讲脱俗便奇、不污便清。

人都要自己厉害，让人钦佩，但这要有真本事，有实力的人，又不忮不求的人，行事自然潇洒，人人自然称奇，觉得他有味道，值得亲近，喜于探问，乐于求教，就是因为他不求人敬己，所以人家反而尊敬。如若不然，刻意要人家注意自己，做一些事情让人家注目，那就叫做标新立异，只为出风头，一点不出奇，因为太俗气，招惹来的只能是嗜欲之徒，酒肉朋友。没有价值，并不值得有品位的人的尊敬，有程度的人自然不看你，疏远离开，只剩自己孤芳自赏，还端个架子，搞个排场，真是寂寞难耐呀。这就是"能脱俗便是奇，作意尚奇者不为奇而为异"。

人都要自己清高，让人景仰，但这要真有德行，真有品格的人，才会得到的。这种人，他自己约束自己，他不同流合污，但也不指责别人，自己端正，就是清洁了。然而，有些人，自己清洁还不够，还要人家崇拜他，还要标榜他的德行，于是安静不了，爱找人麻烦，指责别人为恶，标榜与恶人划清界线，不把自己搞出名气是不肯罢休的，这就不是真正清高了，而是为了冲人气，出风头，其结果，反而让恶人动怒，刺激恶人来整你，则离灾难也不远了，这是不智的，但也是自找的，这不是一个清高的人，只是一个好名的人，所以说"不合淤便是清，矫情求清者不为清而为激"。

做自己该做的事，做好了，人就心平气和了，自然有味道了，人家敬你是发自内心。若是一味求奇标清，那就只是立异招激，这样让别人看着你风光，则小人岂不要来招惹你了。

伏久者飞必高，开先者谢必早。

知此可以免蹭蹬之忧〔1〕，可以消躁急之念。

——《菜根谭》

注释

〔1〕蹭蹬之忧，即过于急躁求进，而以为眼前的学习任务，只是自己还在浪费时间而已的担忧想法。

译文

愿意埋头学习做更多准备的人，将来的成就必定高远。急着要在舞台上显耀登场的人，退场得也更快。了解这个道理，就能够埋头持续学习，再也不会担心浪费时间，原地打转，也不会再有焦躁急迫希望立即成功的心态了。

解析

这一条讲人才的自我培养观念。

人在职场上工作，需要有技能，有专业能力，有不可替代的绝对专长，人若不把自己的专长培养得够强，你的工作就很容易会被超越了。但你一边培养专长，也一边想要在职场上崭露头角，这就是好胜心，也是虚荣心。实际上你的准备的时间越长，投入的心血越多，付出的学习越好，你能力的门槛就越高，别人也就越不可能超越你，你在职场上出现的时候，你的高度就不是一般人可以企及的了，这就是"伏久者飞必高"。

反之，你太爱逞强，太爱表现，有个三斤油就要开油行，有一点点小能力就想要立刻出风头，那么，风头是出尽了，不过，想要抢你风头的人已经排队成一列了，因为你会的技能大家也能做到，一旦更新鲜、更年轻的人物上场，你的光彩就被夺走了，这就是"开先者谢必早"。

理解了这个道理，就知道自己的积累与等待不是没有道理的，就知道自己要沉得住气，不必焦躁，这就是"知此可以免蹭蹬之忧，可以消躁急之念"。但是，人们为什么要继续沉潜？为什么不需要立刻上场表现？毕竟人都好胜，人都爱出风头呀。关键就是：一个人若是有理想，就会希望社会更好，就会去为社会付出，就会去提升自己的能力，此时的学习与努力是怀抱着关爱，不是为了自己飞高，而是为了利他，利益社会，既然不是为了自己，那么那些学习成长的岁月时光，就没有"蹭蹬之忧"，也没有"躁急之念"了。

还有，当人们已经以自己的专长而在社会上崭露头角之后，人还是要继续"久伏"，还是要继续"后开"，为什么？继续"久伏"就是要继续学习，因为学习是无止境的，这样才能永葆领先。继续"后开"就是做事永远以服务为目的，不是以自己显耀为目的，这样，人们在职场上舞台上露脸的时候，就都是社会国家团体需要的时候，那么，你的出场便都是恰当其时了。

立业建功，事事要从实处着脚，若稍慕虚名，便成伪果〔1〕；讲道修德，念念要从虚处立基，若稍计功效，便落尘俗。

——《菜根谭》

注释

〔1〕伪果，伪果即不是靠自己努力而得来的荣耀，是虚伪的。

译文

为国家社会建立功业时，事情要实实在在地做，若是只想着为了自己得到夸赞而做事，则所做之事便有造假取巧之情，虽然也得到赞美了，但其实就是虚伪不实的。

修养自己的道德品格时，关键都在自己的念头，念头要谦虚，若是计较自己的德性荣誉，要求别人夸奖，甚至要求回报，这就堕落于世俗利害之心念中了。

解析

这一条讲做人要务实做事而不计功劳。

"立业建功"，不是投资股票赚大钱，不是看了一部好电影、吃了一顿好餐宴、买了一辆好跑车、盖了一栋好房子这类事情。而是，为社会做了一件好事，而且还不是太小的事情，不只是日行一善的层次，不只是举手之劳的方式，而是众人期待发生的好事情，需要有人带头才能完成的事情，是大家翘首盼望的政策，需要等待某人去落实的事情。所以，"立业建功"必然是关乎众人的事业，是公家的事情办成了，并且不是例行的事情，而是改革的事情，是创新建设的事情，是解决危机的事情，这件事情一旦成功，众人皆获得好处，而不只是自己有成就感而已。

然而，事情完成，众人欢喜，感谢此人，则主事者不只会获得荣誉、利益，甚至还会得到权力与资源。于是，人们便有可能专门为了这些荣誉、利益而来"立业建功"，这时候，他做事情的态度就会有扭曲了，急求成功，就严厉要求部属，好慕虚荣，就刻意在长官面前表演，事情还没完成，就急求宣扬炫耀。这就变成"若稍慕虚名，便成伪果"。就算事情成功了，过程中就会有不少难堪的事情。所以，就叮嘱人们："事事要从实处着脚"，"实处"就是做事情就是为了这件事情的本身，不为了其他的目的，这样，这件事情才会做得准确，"立业建功"是为了社会国家，为了自己与自己所爱的人有良好的生活环境，就会把众人当作自己，"立业建功"就像是为自己盖房子，为自己打扫屋内，煮一顿饭给自己，把天地万物和自己视为一体，就没有"立业建功"的感觉了，一切都是自己的事情，都是该做的事情，老实去做就对了。

"讲道修德"是针对自己的理想，努力去追求，并且在追求的过程中，重视内心的修养。至于所谓的理想，有为众人服务的，也有要求于自己的，重点就是，自己的心念意志能够称得上配位，这就是内心的工夫。前面"立业建功"重视的是具体的社会实效，这里的"讲道修德"重视的是自己的内心工夫。既然重点在自己，那就不是别人怎么说可以决定的，所以重点不在社会效果，不在别人怎么说，因此根本不必去计算外在效果，若是计算别人的评价、社会的眼光，那就是，"若稍计功效，便落尘俗"。便不是自己内心修为的课题了。所以说，"讲道修德，念念要从虚处立基"。"虚处立基"就是只管反思自己，不重外在效果、别人观点，不为人，只为己，"虚"就是不在人前张扬自己，"虚"就是不凸显自己，"虚"就是自己自信满满的，因此不需要刻意地表现自己。

一个人，自己的形象不必突出，但社会的事业一定要做好，恰恰是他重视的不是自己的道德形象，这件事情他虚了，于是可以在虚处立基，所以他才能真正建立了社会事功，因此他的品格实了，实处落脚。

饮宴之乐多，不是好人家；

声华〔1〕之习胜，不是好士子；

名位之念重，不是好臣工。

——《菜根谭》

注释

〔1〕声华，即浮华的名声。读书人互相吹捧下的荣誉。

译文

常喜欢找机会参加宴会的人，不会是耕读传家的好子弟。

常喜欢显耀名声爱好虚荣的人，不会是真正好的读书人。

太在意自己官位的高下和功名大小的人，不会是好官员。

解析

这一条讲持家读书与为官的好形象：

《菜根谭》讲的事情，就是自古官场上的知识分子，在人生场景上，面对棘手的事情，提出的实战演练的心法。这些人生的场景，有在家子弟的场景，有士子读书的场景，有朝堂为官的场景，种种场景，都有它应对进退应有的原则，有该做的，有不该做的，有该想的，有不该想的。当然，那些不该做的、不该想的事情，人们还是有可能去做、去想，做得少、想得少倒也无妨，做得多、想得多那就不好了，这样自己的境界就下滑了，人等于是堕落了。有些事情，努力了就有，但不是目的，知识分子的目的就是持家、求学、为官、治国、平天下，持家求学为官就会有附带的效益，那就是持家有饮宴，求学有声华，为官有名位，这些都是努力工作之后自然而有的，是对努力工作者的肯定与报偿，所以人人得之而喜。但是，要想好，那么，得到这些报偿就不是努力的目标了，持家求学为官才是目标，持家求宽裕安乐，求学讲学问本事，为官讲爱民治国，这些本分一定要做好。

如果持家宽裕之后，只重饮宴之乐，那就是转向欲望了，饮宴之中，饮酒过量伤害身体，口无遮拦破坏人际关系，骄傲自大得罪别人，浪费铺张挥霍家财，这样一个人的路向就偏了。饮宴是必然会有的，为了庆赏，为了祝贺，为了休憩，为了欢喜，饮宴自然地发生了，但也自然地结束了，然后又继续投入工作之中，这是正常的日子。若是时时耽溺于饮宴，这家宴完再找一家，此处饮宴又别处饮宴，一心只想在酒桌饭厅里纵情恣欲，好似富贵荣华，不断享乐畅谈，这样的人就陷在不工作的状态了，这就绝对不是持家者应有的做法了。所以说"饮宴之乐多，不是好人家"。

士子读书，发表学习心得，讲得好，获赞誉，是当然。受到赞誉者心中欢喜，但是读书是为了去社会上做事，讲得好也要能做得到。大堂里辩论高下，高己屈人，养成好胜之习气。言语中坚持己见，固执不化，反而只是假大空的学问。高谈阔论，内里空疏，不能做实事，只重自己的声名，只求自己的虚华，这已经违背了读书的目的了。所以说"声华之习胜，不是好士子"。

做官就是要做事，但是做了官就会有权势、也会有资源，于是人心转向为了权势与资源而做官，因此官场上斗争严重，历代皆是如此，斗争斗的都是私利，其实就是种种资源的抢夺，这也是饮宴之欲望的放大，同时也是好胜心的追求，这也是声华的习气造成的，所以变成只是关心自己的权势地位的巩固与扩张。于是做事重表面，办事抢功劳，只为自己的名位、私利干活。一旦与人相处，又见不得人好，不能下人屈己以求合作，想的都不是事情的完成，而是自己的利益，而利益来自名位，做事就以讨好上司为重点，往来就以巩固名位为重心，与其完成事功不如抢占名位，这样的官员，对百姓何益？如果整个官场习气如此，未有不亡之国了。所以说"名位之念重，不是好臣工"。

士子读书，求的是齐家治国。君子为人，要的是天下太平。不是从自己做起，没有扎实的根基，凡事只想着好处利益，持家重饮宴，求学好声华，为官重名位，人的品格就下坠了。

宠利毋居人前，德业毋落人后，

享受毋逾分外〔1〕，修持毋减分中〔2〕。

——《菜根谭》

▌注释▌

〔1〕分外，本分之外。

〔2〕分中，本分之内。

▌译文▌

事情做好了，获得奖赏和好处时，不要抢在人前，但做事情的时候，不要躲到人后。

平日生活时，个人的享受不要超越应有的范围，但待人接物的修养，一定要做到位。

▌解析▌

这一条，是菜根谭经典警句中的经典警句。做人做事，事情要多做，功劳不要多抢。当一个人成为社会的中坚之后，就要了解这几句话的深意，并且必须做到以及做好。

"宠利毋居人前"，一个人心想着为社会服务的时候，就要对人性认识清楚，既然是大家的事情，就是做事是大家做的，创造出了什么东西，就是主要部分作为社会资源，而留下一小部分成为做事者的利益。当事情办好的时候，做事的人总会有获益的，或是金钱物资的报酬，或是荣誉美名的加身，这时候，真正有理想有智慧的人，就知道要"宠利毋居人前"了。因为他想的是下次还是需要大家一起来做事，所以这一次就要懂得多让些利益给别人去得。一般人做事就是为了利益而做的，有利益就嘻嘻哈哈地做，如果这个时候有理想的人在利益的分配上占尽了便宜，那么别人看在眼里就不甚高兴了，而你自己也就谈不上是有理想的人了，你也是一般人而已。有理想的人要把事情做好，需要大家的全力投入，需要一件事一件事地持续地完成，想要在这个事业的进程中始终保持人际关系的和谐，一直能够被大家接受成为团队中的一分子，甚至可以发挥长才领导众人，那就要让一起做事的人对你满意。对付一般人，那就是事情办成之后的可见的利益，所以利益多让让，该得的得，但有模糊地带时，务必让给别人。切记不要争抢利益，这样就显然不是为了理想而做事了。这个道理不难懂，只是难做到，因为大家都是口头上说得好听，为社会服务，骨子里只是为事成之后的利益报酬，既然该得可得，便忘了别人的观感，以及日后的合作空间，便争先恐后地攘夺利益了，这样，以后宽广的合作空间就缩小了，而作为领导者的主事权也会被撤销了。

"德业毋落人后"，有理想的人就是来做事的，做事就是自己做事而不是叫别人做事，该自己职责所在的事，那就是义无反顾的，但就算是临时性的、突发性的、偶然性的事情发生，也是自己的事，因为自己有理想，想要事情完成，那他就会顾全大局，没有人要做的事情就是自己来做，只要是与大局有关的事情，就算事前没有分配清楚，当大家在东张西望、推三阻四时，自己也不能推，因为自己就是希望整个事情做好的，既然如此，别人不做的就我来做，这样别人既不会嫉妒我，事情也可以有个圆满，因为我心中要的是理想，是事情的完成，而不是自己的私利，也不是表面上的契约权益，而就是我愿意把事情好好地完成而已。

"享受毋逾分外"，人生在世，有自己的付出，也就有自己的福报，福报就是现在没做什么，却可以享有什么样的命运，这就是过去的积累，只是现在显现出来而已。例如人家对你的礼貌与招待，你被允许使用的资源与器物，对别人而言只是举手之劳，顺水推舟之事，但对你而言就是大大的便利。这时候，要谨记，你是个有贡献的人，所以在各方面受到礼遇是正常的，但若是贡献已经久远，或者根本没什么贡献，人家礼貌待你是人家的格局胸怀，你是否应该享受？或享受到什么程度？这就自己要有智慧了。享受过了头就是分外了，变成要挟别人了，这是很难堪的事情。

"修持毋减分中"，修持是一般人际关系互动下的谦虚有礼以及宽容博爱，这不一定是针对任何事情，也不一定是在一起做事的过程中，而是一般场合的互动而已。自己是什么样的胸襟就会怎样地待人，是个位居高阶的人，就必须是心胸开阔的人，利益不计较，虚荣不追求，在点点滴滴与人互动的过程中，呈现应有的自信敦厚，这就是自己的境界展现。如果一味道人长短，计较分寸，人家看你就看轻了，你能互动的层次就低了，自己的格局就降了。实际上，人有何种修为，就会生活在何种境界中，就会与何种人交流，这些分际就在自己的修持中，不是表面上彰显的虚名，而是内在真实饱满的修养。

这四条是真正君子人格的表现。

议事者身在事外，宜悉〔1〕利害之情；

任事者身居事中，当绝〔2〕利害之虑。

——《菜根谭》

注释

〔1〕悉，清清楚楚明明白白。

〔2〕绝，即消除。

译文

开会时作为委员发言议事，此事与私人尚无执掌关系，应该将事情的利害关系给大会说得清清楚楚的。

开完会被任命执行任务时，此时自己身为执事者身份，对于自己的利害问题就不要太考虑了。

解析

这一条讲开会时应有的公私态度。

一般机关开会时，碰到私人利害的时候，有两种情况与原则性的做法，必须了解。是非是公家的事，要讲清楚。利害是私人的事，不用太计较。于是，在公众事务讨论的场合，在行政主管开会的场合，人们纷纷发言议论时，当所谈的事情涉及个人利害问题的时候，该怎发言呢？这时候，就有两个原则，一个是针对众人的利害的事，另一个是针对自己的利害的事。对这两件事情的发言态度是不一样的。

当讨论公家事务而涉及主事者的个人利害问题的时候，作为会场讨论的参与者，应该知无不言、言无不尽，帮助众人厘清情况的真实性，让大家可以做出正确的决定，不可以有任何的隐藏。公家的事情固然要做好，但对做公家事情的个人，他们的利害问题，也要帮人家考虑好。这就是说，"议事者身在事外，宜悉利害之情"。

　　然而，一旦事情该怎么办的考虑被决定了以后，并且，被指派了就是自己要去做这件事情的时候，此时此刻，所有的利害问题就不要再考虑了，因为，任务完成最重要，自己的利害就放一边吧。如果得到了上任的指令，却一直在计较个人的利害，这样你做公家事情的决心，不免令人质疑。并且，当你要求团体必须照顾你的私利的时候，你等于把私利放在公事之上了，这就不对了。所以说，"任事者身居事中，当绝利害之虑"。

　　你的个人利害，是团体及长官要替你考虑的，而不是自己一直提出要求的，当事情是大家的事情的时候，你要替大家考虑私人利害，当事情是自己的事情的时候，你要接受大家对你的考虑与安排就好，而不要自己一味要求，加重长官和大家的负担，这是承担责任时应有的态度。归根结底，都是一个为大家考虑的心。

　　这两句话清楚分明。处理公家的事情，个人发言时的分寸拿捏，其实正好看清楚了每一个人的内心世界。所以说，时时刻刻要把自己的内心处理好，否则场合上的发言，尽是泄漏你私欲的机缘。当你一味求私利，别人宽厚时让了你，别人要是不宽厚，就与你对立了。你要被对立还是被宽让呢？当然都不好，所以自己讲话就要有智慧，做事就要有担当。

为善而欲自高胜人，施恩而欲邀名结好，

立业而欲惊世骇俗，植节〔1〕而欲标异见奇，

此皆是善念中戈矛，理路上荆棘，最易夹带，最难拔除者也。

须是涤尽渣滓，斩断萌芽，才见本来真体。

——《菜根谭》

注释

〔1〕植节，即培养自己的道德形象。

译文

做好事却同时要表现得高人一等以胜过别人，给人家恩惠却同时要攘夺美名结交权贵，做事业却同时要搞得突破世俗的眼光抢夺众人的注意力，建立自己有操守的形象却做法尽是稀奇古怪，这些都是做好事的同时内心隐藏着欲望的利刃，在追求道德道路上的坎坷障碍，是人性中最容易藏匿的恶习，是修养时最难拔除的毛病。这些毛病都要扫除净尽，不留残渣，如果有隐微的念头冒出来的时候就要立刻斩断，这样才能显现出一个人本来具备的善良本性。

解析

这一条在讲人生要做有意义但没目的的事情。

做事要做有意义的事，也就是自己成长或利益他人的事情，但是不要做有目的的事情，也就是夹带自己的私利欲望的事情。上面这一段文字就是在说要做有意义但没有目的的事情。因为一旦夹杂了自己的私欲目的，这件有意义的事情就不美了，甚至，根本就走

偏了，只是利用了这件有意义的事情而已，实际上是利己而已，此时，利人的部分就少了。

"为善"是有意义的，但"欲自高胜人"就是别有目的了，想要满足好胜心，表现自己比别人强，借由助人而觉得自己能力强，甚而压制别人，这都是很幼稚的心态，没有真正的关爱之心，这样被你帮助的人是会怨恨你的。

"施恩"是好事，对别人有所需求的事情助其完成，这是好的。但是，"欲邀名结好"，就不好了，你助人是因为对方的需要，而不是因为自己利益的算计，结果你"邀名结好"，这样就还是在利用别人，标榜自己善行的形象，有时候，甚至会只对有益于自己形象提升的对象才"施恩"，而不能对所有有需要的人做好事，这等于是在做买卖了，而不是"施恩"。

"立业"是做对众人有利的公共事业，盖好一条高速公路，办好一个盛大典礼，打胜一场战争，这些好事，对大家有益，但若是做事时却"惊世骇俗"，就是为了自己的名声而做了，目的在扩大这件事情的宣传效应，不只要管事情本身对众人的生活改进，还要顾及事情对自己的美名形象的助力，"惊世骇俗"就是要让这件事情特别到众人不注意、不谈论、不议论都不行，当然，谈的都是自己的名号，表示这件事情做得够"惊世骇俗"了。这与"非常手段"不同，"非常手段"的事情是为了事情的成功，敢于付出重大的代价，甚至为达目的不择手段，所以叫做"非常手段"。但"惊世骇俗"的目的却不是为了把事情做成功，而是为了自己的出风头，既然如此，那就不是"立业"了。所以，"惊世骇俗"是借由立业的好事，而刺激众人眼目，动见世人观瞻，还是一个虚荣之心作祟的结果。

"植节"是不做不该做的事情，不为利益而屈辱自己的人格，不畏强权而放弃应有的节操，这是自己立得正、站得稳的表现，但如果是"标异见奇"，那就是把自己的节操当作文宣的题材，甚至，表现节操的方式还要标新立异，那就是要天下人皆知自己多么有节操，这不是好慕虚荣是什么呢？"立业而欲惊世骇俗"是借由做事业而夺名声，"植节而欲标异见奇"是利用自己的操守而夺取名声，两者都是老子说的"余食赘行"①。

以上都是把一件好事给做坏了，为什么变坏了呢？是因为都有私心在作祟。"此皆是善念中戈矛，理路上荆棘，最易夹带，最难拔除者也。"以上这些作风，其实都不是真的在做有意义的事情，不是真的在做有利于众人的事情，而只是在标榜自己，为了自己的目的在做，其实就是在做生意，利益之心为主导，欲望之心为动力，行为的本身只是表面现象，背后夹带了"戈矛"，这些就是欲望的动机，所以谈不上正人君子之作为。

若要谈真的正人君子之作为，"须是涤尽渣滓，斩断萌芽，才见本来真体"。也就是这些夹带的作风都要消灭殆尽，那些利益之心、欲望之心的妄念都要消除，才是真性情、真君子、真豪杰。

事实上，人都好名好利，但只有"有德之名"才是真正的好名声、真正的美名。但那是人家心中自己对我们的尊敬才有的美名，却不是可以借由各种刻意的作为去招揽来的。人都要好名声，所以就要做好事，则美名自然过来。但如果并非真有德性，做好事只是表面上的，根本上就是好名而已，好名就是好利，夹带着这样的态度所做的好事就是虚妄的、伪饰的，所以，表面为善不是真善，不要被表面的行为给遮蔽了，要正视我们的内心，做事就是做没有目的的事情，只要是意义清楚的事情就去做，做了就结束，没有额外的目的，这样，你的德业就在无形中日日增长了。

---

① 《老子》："自伐者无功，自矜者不长，其在道也，曰余食赘行，物或恶之。"（第二十二章）

"只存得此心常见在，便是学。过去未来事，思之何益？徒放心〔1〕耳。"

——《传习录》

注释

〔1〕放心，失去本心。

译文

做工夫就是自己的心念要时刻保持在警觉状态，这就是在学习，关注于眼前的事情就好，不用去思虑过去的还是未来的事情，想多了也没用，只是失去了本心。

解析

阳明讲做工夫的方法，学生跟他学心法。做工夫就是现在当下在做的，就是关注念头。时时存得此良知之心，去欲存理，就是在学。面对所有此刻所处置的事情，以良知当之，念头管住，就是在做中学，即是搞定眼前为主。许多人眼下有该做的事情不去做，只在过去未来的事情上计虑得失，考虑利害，眼下的事情不去承担，不去好好地做事，这就没有在学了。真正的学人，过去已定和未来未定之事，不必费心，认真用心于眼前，君子无有后悔事，也不慕高骛远。就是现下之时，现在就是永恒，现在决定过去现在未来，现在浪费了，过去的没用了，未来的来不了。

现代人做事，外诱太多，事情做不长久。想要成功，必须专心，持之以恒，专注当下。

种树者必培其根；种德者必养其心。欲树之长，必于始生时删其繁枝；欲德之盛，必于始学时去夫外好[1]。如外好诗文，则精神日渐漏泄在诗文上去；凡百外好皆然。

——《传习录》

注释

[1] 外好，除了读书学习服务以外的个人兴趣嗜好。

译文

种树的人要先培养好树根，养德的人要涵养他的本心。想要树长得好，就在树枝繁生的时候先砍掉，顾好树干。想要德性醇厚，就在求学的开始去除读书求道以外的爱好，如果喜欢吟诗弄文，就把每天的精力消耗在诗文上面，求道之心便减，任何的兴趣爱好都一样要去掉。

解析

这一条讲培养成材者必须舍弃兴趣爱好。

阳明以种树比喻种德。要种树，就要去除繁枝，这样主干才会长高。种德，就是培养品德，为社会服务，阳明说："欲德之盛，必于始学时去夫外好。"其实，去外好是自然发生的，只当一门深入之后，其他事情就会放下，不重要，不喜好了。所有的休闲娱乐都是，一个人越来越在专业上深入，休闲娱乐的事情就越少，专业上自己就是绝顶高手，理性与感性的需求都在这里满足了。如果还把休闲娱乐当作重要优位的事情，就是专业上不够深入的表现。不是说人完全不要外好，而是外好永远是次位的，专业才是核心。一个人种德就是立志，而且是立志让你自己变成什么样的人，而这个方向是立足于服务与学习的。

　　人的精神精力是有限的，人的兴趣嗜好是无止境的，有理想的人，节约精力在有用的事情上头，没有这份信念的人，他的时间就在兴趣嗜好中用掉了，永远要以重要的事情决定不重要的事情，不可以用不重要的事情决定重要的事情，也就是说重要的事情先办好，剩下余力，可以用在兴趣嗜好之事上，如果一天早上起来，先搞搞兴趣嗜好，抽点空再看看专业的活，这样的人就不是做事业的人了。一个人能否成功，能否升等，都是这个态度上的区别造成的。

因论先生〔1〕之门，某人在涵养上用功，某人在识见上用功。先生曰："专涵养者，日见其不足；专识见者，日见其有余。日不足者，日有余矣；日有余者，日不足矣。"

——《传习录》

注释

〔1〕说的是王阳明（1472—1529）汉族。名守仁，字伯安，浙江余姚人，因被贬贵州时曾居住于阳明洞，世称阳明先生。王阳明是中国明代著名的哲学家、教育家、政治家和军事家。

译文

有人在讨论王阳明先生的门下各人，有些人重视心性的涵养，有些人重视知识的增长。王阳明说："专注在涵养上的人，每天都自己觉得工夫不够，用心于增长知识的人，每天都觉得自己增加了许多知识。觉得自己品德不足的人，最后品德都越来越好。觉得自己知识丰富有余的人，他的涵养工夫反而日日减少了。"

解析

这一条讲涵养与识见的工夫之别。

对王阳明而言，涵养与省察是一件事，但涵养与识见是两套路数。涵养与省察都是本体工夫，心理修养工夫，但王阳明认为识见就不属于本体工夫了，不是贯彻意志的工夫。那么涵养与识见两种工夫作用下去之后，效果定然有别。因为阳明强调本体工夫，所以是动机为先，念头上守住良知，不论平时涵养，还是临事省察，都是立志一事，都是贯彻意志的本体工夫。但识见就不同了，识见只管闻见之事，与自我的意志纯化无关。做工夫的问题是以涵养为主还是识见为主呢？若是涵养为主，就会向内用功，知道自己的不足，就会去力求实践，于是越加增益，内外俱美。若是以识见为主，就会向外求索，越求越多，越以为自己都是对的，就失去了内心工夫，就会骄傲凌人，不懂得谦下。不足者自补之，日日增长。有余者自损之，因为有余就傲慢，一傲慢境界就下滑了，自然而损。当然，涵养与识见两者都要平衡，但应以涵养为重，涵养是主宰，因为涵养省察都是处理价值意识的本体工夫。王阳明此说就是"知行合一"说的翻版，务涵养才能"知行合一"，光识见就会是知而不行。当然，这是王阳明对《大学》格物致知说的诠释与理解，把格物致知说成涵养省察工夫，而不是识见工夫，以此批评专识见者，也就是批评把格物致知解读为研究知识的诠释立场者。这自然是指的朱熹之说了。

其实，不站在阳明的话语系统讲话时，用心于识见也是本体工夫，面对事物、研究知识的格物致知说，目的就诚正修齐治平，所以知与行是不分的，识见是为了修齐治平而需要有的专业知能，这件事情本身就是贯彻意志下的行动。问题是许多人根本没有为民服务之心，读书科举做官有知识却只想着权势利益财富，所以识见越多，人品越下，这是阳明在担心的事情。因此任何时刻都要注意动机，做人就是把良知提起为要，但并不必要把识见的追求当作败笔，以为会影响良知提起，这绝对是不冲突的，这里只是把语言使用的意义澄清一下。

先生一日出游禹穴〔1〕，顾田间禾曰："能几何时，又如此长了！"范兆期〔2〕在傍曰："此只是有根。学问能自植根，亦不患无长。"先生曰："人孰无根，良知即是天植灵根，自生生不息；但着了私累，把此根戕贼蔽塞，不得发生耳。"

——《传习录》

注释

〔1〕禹穴，禹穴有二，都与大禹有关，一是他的出生地，一是他的墓地。此处应指他的墓地，在阳明家乡会稽山麓。

〔2〕范兆期，范引年，字兆期，号半野，浙江余姚人。王阳明的学生。

译文

王阳明到禹穴之地游览，看到田里的稻禾说，怎么才没过多久，就又长高了。范兆期在旁边说，因为稻禾有根，它就能长高，学问也是，自己把根栽种好了，就不用担心学问不增长。王阳明说，人谁没有根呢？良知就是上天给人的生命的灵根，它是生生不已永不止息的，只不过因为自私之故，拖累了良知，把良知践踏舍弃，让良知难以呈显。

解析

这一条讲做事情要靠自己的主动性。

王阳明看到田间农作物的成长，感叹才没多久时间，这些稻苗又长高了，学生反省说，植物是有根，自然能长，若学问也是有根，一样能自己长大。阳明就借由良知来说，人做学问，也是有根的，这个根，就是良知，而良知是天植灵根，就是上天已经将良知给到我们人类了，天生就有，在本性的本能中，所以它会自然生长，如果不是人的私欲遮蔽它的话，它一定会发生作用的。阳明此处，就是说性善论，就是说良知固有，就是说它会自己发动发生。接下来的理论问题是，如何说明良知一定会行动？又为何会被遮蔽？又如何由被遮蔽中脱困出来？良知一定行动，这是诉诸心的主体能动力。至于良知会被遮蔽，这要交由理气论来说明存有者的结构，说明耳目口鼻之欲会因过度而为恶，于是良知就被遮蔽了。至于良知能够脱困，则要借由"善反之""求放心""去人欲"的工夫论，这就要靠人们自己的自觉了，这就是提起良知，也就是做工夫。

王阳明讲良知，良知就是一个自动发动的马达，人要自己要求自己，才会成就大事业的。

第
（二）
篇

诚 恳

《论语》篇自子弟成长学习的目标，一个人的真实品格可以隐藏吗？为何一个人要对能够做到的事情才说出来给人听？言语有着怎样的机关？在君子面前讲话时易犯的三种错误等方面充实诚恳做事的内涵。

《人物志》自讨论「似是而非」者的行径特质和类型等方面谈诚恳的价值观。

《菜根谭》自人所得到的三种不同层次的富贵名誉，做事和读书时如何才是真名流达至圣？君子宜居实不居名，刻意的行径为什么都不是太好的？如何辩证地谈处事的方法态度？等角度展现诚恳的品格特征。

《传习录》自言语有序为何是工夫？人需不需要预测命运？格物工夫有哪些做法？等角度丰富诚恳的人格魅力。

1-6：子曰："弟子入则孝，出则弟〔1〕；谨而信，泛爱众，而亲仁，行有余力，则以学文。"

——《论语·学而第一》

注释

〔1〕弟，即悌，友爱兄弟，尊敬长辈。

译文

孔子说，弟子之学习与成长，在家则孝顺父母，出外则友爱兄弟、尊敬长辈、诚信交友，做事态度严谨而守信用，不论是谁都要对人家好，亲近有仁德的人，帮助他做好事，还有余力的话，好好读书，则可以勇猛精进。

解析

这一条讲子弟成长学习的目标。

这一条就是有名的《弟子规》①的原文，《弟子规》依据这一段话，

① 《弟子规》的原名是《训蒙文》，近年来在华人社会受到许多文化团体的大力推动，这是一部中国传统文化中的启蒙教材，贯穿古今，只要是子弟教育、成人教育，都是极好的教材。此书从做人的基本样子说起，且进入各种日常生活的细节去说明，从起居作息到人际关系的基本礼仪，甚至社会历练的深刻智慧，循序渐进、层次分明地解说，可以说既是儿童教育、也是青年教育、也是成人教育的通典，固然言语的环境是百年前的旧社会，但只要加以疏解，就是现代社会可以运用的生活指导宝典。《弟子规》作者李毓秀是清朝人，所处时代是康熙年间，是一位秀才，这部作品后来又经贾存仁的修改重编，而成为现在所看到的弟子规。它的内容是借由《论语·学而篇》第六条："弟子入则孝，出则弟，谨而信，泛爱众，而亲仁，行有余力，则以学文。"为纲领，分为"总叙"以及"入则孝""出

把为人处世的道理讲了一个整套。由此可知，这一条所说的道理是很全面的。

首先，儒家就是孝道文化的力倡者，儒家谈国家的治理，但是认为，唯有孝顺父母的人，才会是真诚照顾百姓的人，对父母的亲情都不存在了，怎么可能有对百姓的仁爱呢。一个人的生命与生活，从家庭中辐射出去，儿时是父母与自己的关系，长大了以后，就是兄弟姊妹叔伯姑姨等的人际关系网路，这就是要去经营照顾的对象，这就是"入则孝出则弟"。古代农业社会流动很少，经济政治还是家族为中心，现代社会流动太大，经济政治活动是整个国家人民共同一体的，所以这里的"出则弟"，就当作同学、同事、朋友之间的友好关系来认识即可。人际关系处好之后，就是事情要做好，这就是谨慎办事、做事实在的环节了，这就是"谨而信"。事情是众人的事情，做众人的事情就是要为社会好，做事时候所遇到的所有人，都要对他们好，这就是做君子的目标，所以要"泛爱众"。我们就这样在学习与服务的过程中成长，无论成长到何种层次，这社会还有境界较高于我们的人，更能够以仁爱的胸怀照顾众人的人，这些人就是圣贤、仁者，是我们要学习、追随、协助的对象，倾听他们的教诲，认同他们的理想，实行他们的嘱托，协助他们的任务，完成他们的理想，也就是自己的理想，这就是"而亲仁"。这样，人生的意义就完整了。如果还有时间，其实是必须挤出时间，再向更有智慧的古人来学习，也就是向经典学习，"则以学文"，"亲仁"是向活着的圣贤学习，"学文"是向过去的圣贤学习，阅读经典以学习之。

这一条，从个人修身，到服务社会，到终身学习，给人类和文

则弟""谨""信""泛爱众""亲仁"和"余力学文"等七章。其中每章三字一句，两句一韵。

明指出了一条道路，作为少年和青少年教育的标杆，正是准确实在的，也因此《弟子规》的文稿便由此纲要而写出来了。对于《弟子规》的运用，可以在中小学教育殿堂里，利用课余时间，让同学朗诵，讲授意思，这是很好的。

　　社会上有一些没有真正儒家素养的团体机构，借由《弟子规》的推行，以严打严管严训的方式带领学子，造成他们的反感，这是人为的过失，不是《弟子规》文句有什么不对之处。我们学习经典，要善慧解之，而不是把自己的恶习情绪灌注其间，用以训人，这是做老师的自己要自我要求的地方。

脚踏实地　实事求是

2-10：子曰："视其所以，观其所由，察其所安，人焉廋〔1〕哉！人焉廋哉！"

——《论语·为政第二》

注释

〔1〕廋，音搜，藏匿。

译文

孔子说，做人就要老老实实，想要骗过别人是不可能的，有经验的智者看人，先看他为什么做这件事情，再看他用什么方法做这件事情，最后看他把这件事情做到什么程度算是心安了。这样就把一个人的内心世界和思想格局，完全看清楚了，哪有能够躲藏隐匿的了呢。

解析

这一条讲一个人的真实品格是无法隐藏的。

服务的人生观可以说是大家的共识，但却不是每一个人都能真正做得到的。人做事，都想表现得一副道德仁义的样子，但是，心中并不真诚地愿意如此，结果就从他做事时的方方面面泄漏了他的虚伪不实。一个有智慧有经验的人，看着人家做事的方方面面，就能把一个人看透了，哪些方面呢？首先，看一个人做事，看他为什么要做这件事？就知道他的真正动机，这是"视其所以"。然后看他用什么方法做事？就知道他的真正人品，是不择手段呢？还是坚守正义，这是"观其所由"。最后看他把这件事情做到什么程度算是完成了？就表示他的理想标准何在，这是"察其所安"。这样，这个人的内心就无所隐匿了。不论他嘴上说了什么，看他做事的动机、方法、标准，这些明摆在人前的事情，就能了解了。很多时候，人们都是自欺欺人的，人能了解自己，这人就是强者了。任何行业做事，都可以以这三个向度来评断掌事者的格局。例如，评价教师，就从这位教师做老师的目的？方法？教学成果？来评价他。而教师教学生时也可以这样，让学生反省自己的每一个行为，以这样的三个向度去想想，就能够了解自己了。任何人时时刻刻都能这样地了解自己，这就非常不得了了。

人要诚恳真实，不要虚伪，否则被有智者看透了你的内心，那岂不难堪。

2-13：子贡问君子。子曰："先行其言，而后从〔1〕之。"

——《论语·为政第二》

注释

〔1〕从，即跟着把事情做到位。

译文

孔子的学生子贡问老师，如何才算是做到了君子的标准？孔子说，君子的志向，不是光说说而已，而是要自己先做到了，然后才告诉别人这件事，说了之后，则更要做得更好。

解析

这一条说明一个人要对能够做到的事情才说出来给人听。

人在社会上混迹，常常喜欢自夸，夸自己有能力、有品格、有办法，这就是虚荣心作祟，就是个性中的缺点。人都需要有在团体中的存在感，但存在感要用实力去取得，只要你能为团体做出贡献，你就是不可或缺的存在，不要虚浮不实，靠努力做事就可以了。人不只有存在感的需要，还有荣誉感的需要，这就更麻烦了，他需要高人一等，占人上风，这样就会虚张声势，把自己讲得很厉害，傲视别人，这就是好胜心，所以孔子要告诫这种行为。

一个有用的君子，想做的事情，就去做，做好了，才会说出来，说了以后，更要做得好。负责任的人，从不在语言上占便宜，而是谨守分寸。还没做就先说，结果往往光说不做，因为说的时候，已经把欲望发泄了，满足了心理上好胜的需求，同时也把荣誉感的资源攘夺了。看不明白的人觉得你很厉害，看得明白的人知道你华而不实。你自己虚伪，而别人替你觉得惭愧。

我们在孩童的时期，老师鼓励我们要有志向，要把自己的理想说出来，这又是另外一种情况了，小朋友要做什么，可以勇敢先说出来，小朋友不会虚伪，说了通常就会去做，不想做的也不会说，所以为了鼓励孩童，可以教导他们勇敢地说出自己的希望，这样是对的。"先行其言，而后从之"，这里指的是成年人，成年人常常光说不做，所以要求不说先做，做到了再说，这就是君子的风范。

脚踏实地　实事求是

15-7：子曰："可与言，而不与言，失人〔1〕；不可与言，而与之言，失言。知者〔2〕不失人，亦不失言。"

——《论语·卫灵公第十五》

注释

〔1〕失人，对不住别人。

〔2〕知者，有智慧的人。

译文

孔子说，可以跟人家说的有用的话，而不去跟人家说，这就是对不起人家。不可以跟人家说的害人的话，却跟人家说了，这就是讲错话了。有智慧的人，既不因不讲话而对不起别人，也不会因为乱讲话而伤害了别人。

解析

这一条讲言语的机关。

孔子是生活的智者，他有理想，要改善社会，会善待别人。他对人情世故通达知晓，对于人际互动的关键细腻到位。对于别人讲话，一开口就知道是否动机纯正。他有两条衡量标准，是否失人和是否失言。应该讲的话不讲，不该讲的话讲了，这就是失人和失言。对人有益的话可与言，对人有害的话不可与言。为什么不与言而失人？为什么与言而失言呢？一般人，讲话要讲对别人有益的话，无益的话不要说。该讲的时候，却因为有私心，不想告知，不想让人得利或进步，或不想因此自己得多负责任，这就是私心，这样就是对不起别人了。又或者，想要诱惑别人做出对自己有利但对他人是道德上不当的事情，或者，讲一些事情让对方知道，使得对方因为愤怒而做出不利对方自身利益的举动，以便害人。这都是失言。语言，是道德的枢机，一切言语，都要发乎正念。上面两种都是失人失言的说话，智者不应失人也不应失言。讲话就是实实在在地讲，对不起别人的话不要去说，这就是脚踏实地、实事求是。

脚踏实地　实事求是

16-6：孔子曰："侍于君子有三愆〔1〕：言未及之而言，谓之躁；言及之而不言，谓之隐〔2〕；未见颜色而言，谓之瞽〔3〕。"

——《论语·李氏第十六》

注释

〔1〕三愆，三种容易犯的错误。

〔2〕隐，隐藏失误或不良的动机。

〔3〕瞽，没看到应该看到的重要讯息。

译文

孔子说，在君子身旁帮忙做事，有三种易犯的错误，场合上没让你讲话的时候急着讲话，这就是犯了急躁的毛病。场合上有要你讲话的时候你却闭嘴不讲，这就是犯了隐匿的过错。没看见人家现在在干什么，有话就脱口而出，这就是犯了无知的过错。

解析

这一条讲在君子面前讲话时易犯的三种错误。

"侍于君子有三愆"：这三种常犯的错误，重点在对方是君子的时候，而且是你的长者的时候。君子就是来做事、来服务社会的人。首先，他很忙，忙着做各种事情。其次，他很会看人，所以你一互动，他就了解你了。最后，他总是处于种种不同的做事的状态中，你要跟他互动，就考验了你的观察力。所以，自己不是君子的人，常常不懂君子的种种状态，应对进退就会出差错了。

"言未及之而言，谓之躁"，君子很忙，他交代你某些事情去做，你好好做就是了，他需要知道进度的时候自然会来问你，但你事情做好了，或做得有些样子了，你自己急于表现，特别是在君子长官在公开场合亮相的时候，你还特别喜欢去述职报告，这就是好表现，不管长官在忙什么，只管自己的邀功争宠的表现，这就是躁。

"言及之而不言，谓之隐"，领导问到你了，要你说说事情做得怎样了，或者想要在宾客面前让对方了解单位事务的处理情况，你是承办人，要你好好说说，结果你却拿跷，刻意吞吞吐吐的，让领导着急，简直就是威胁领导要多给些好处的承诺，才肯把事情的进展以及要点细节说出来，这就是刻意隐藏，借由隐藏，要挟利益，或是借由隐藏，躲避责骂，这是比急躁更为恶劣的品格。

"未见颜色而言，谓之瞽"自己有事报告，但长官也有事情要处理，或正在处于某些事务的关键时刻。此时有些话适合讲，有些话不适合讲，但自己没有这种敏锐度，一味地讲自己需要讲的事情，侵入了领导处事现场的氛围，打乱了场面的秩序，可能使得重要的事情功败垂成，可能使得难办的事情雪上加霜，可能使得动乱的事情火上浇油。做人做事，言语枢机，关键都是心思的细腻，是否真正关心事情的发展，是否真正想要把事情做好，还是只关心自己的表现、利益、利害关系？这些都是决定了跟领导相处说话时得体与否的关键了。

那么，怎么报告自己做好了的事情呢？首先，定时报告，主动报告，但必须是在正式办公场合的报告，领导给了你时间了，你去做报告，这就不是急躁了。现在通信软件发达，发个微信，事情就讲了，千万不要在领导忙着跟别人沟通的时候跑出来讲任务，这不是好表现是什么？其次，交代该做的事情就好好做，每天有进度，有困难就克服，不要耽搁。不是等领导问话了才说，更不能等领导问话了却因为事情没弄好而不说，你耽搁的不只是自己的事情，而是公家的事情，这样单位还需要你干吗？至于要挟利益因而隐匿不说，这更是最坏的心眼，领导会忌恨你的。单位里人人都有固定的执掌，各自按照办法去做事就好，大家共同合作把一件大事完成。人人各自忙着自己的事情，各人有各人的困难，需要交流的时候，也必须看场合，在人家适合的时候才去求助。至于自己特别想讲的话，也要注意时机，有些事情场合上不该说的，虽然是你该做的，也要看人家的状况。例如，人家悲伤的时候不要去邀功，人家愤怒的时候不要去报忧，人家高兴的时候不要去泼冷水，这就是懂事。

　　好的领导难求，一旦有好的领导，就要好好帮他，帮他而不是表现自己炫耀才能，更不是假公济私抢夺利益，也不能直来直往不顾及别人的感受，关键就是脚踏实地、实事求是，做事聪明敏捷，时刻关心别人。

8-2：子曰："恭而无礼则劳，慎而无礼则葸〔1〕，勇而无礼则乱，直而无礼则绞〔2〕。君子笃于亲，则民兴于仁。故旧不遗，则民不偷〔3〕。"

—— 《论语·泰伯第八》

注释

〔1〕葸，畏惧貌。

〔2〕绞，责备人。

〔3〕偷，浇薄态。

译文

孔子说，对人只有表面的恭敬却无尊重的礼仪，这种恭敬的行为只会让人家觉得很累。做事情只顾自己的谨慎不能犯错，却没有做对别人有用的事情以尊重别人，这样的谨慎只是害怕犯错，却对社会没有贡献。遇事勇于出头，却不管这事情做得对人是否尊重，这样做事只是莽撞，只会把局面越搞越乱。想要做一个正直而不失品德的人，只管自己的直言直语，却不管人家的情况，这样的直言直语是很容易冒犯别人的。在上位者，对自己的亲人诚恳相待、孝悌忠信，则人民百姓便能激发起仁德之心。善待自己的旧识乡亲，有需要就帮助，绝不遗弃，那么百姓效法之余，也不会有人性的淡薄了。

解析

这一条讲任何德行都是以礼为表现的形式。

礼是孔子最重视的价值之一，另一个更重要的就是仁。其实，礼是仁的表现行为，有仁德的关爱之心，表现出来的就是合宜的礼的行为。仁是道德意识的总摄性概念，这里讲的恭、慎、勇、直，都是仁德之心发抒之德目，所以都必须有礼，也就是有真正地对他人的关心。

"恭而无礼则劳"：自己做出许多的有礼动作，也等于要求别人对自己恭敬，这样却是浪费了长辈的力气，只是为了自己想表现出恭敬的品德，这其实是一种娇气。

"慎而无礼则葸"，做事谨慎是对的，但是不能耽搁公事，如果做事过于谨慎，就变成畏惧，畏惧就耽搁公事了，就不能落实公事，这就是不知轻重。无礼就是不懂得事情的重点，重点还是要帮忙大家一起完成任务的，而不只是自己不犯错，这都是没有真正关心组织、关心众人，这都是失去了仁德之心的无礼之行为。

"勇而无礼则乱"，只想表现自己的胆子大，什么事情都敢做，就不管事情可不可以做，应该不应该做，就去做了，结果给大家添乱，好像全世界就你一个人是勇敢，你要大家崇拜你，但你做的事情，于大局便只是添乱。大事变迁的关键时刻，越危急的时候，越有人添乱，这都是当事人好胜的结果。所以，真正的勇，要配合仁、义、礼、知，要智、仁、勇皆达才是真勇。

"直而无礼则绞"，直是要求自己，尊重别人，这是有礼者的行为。若是无礼者，就不懂得尊重别人，别人有过时，只会刻意指责别人，而不关心别人是否能改过，更不关心别人是否真的犯错了，说不定只是被误解而已，若一味以正直之道待人，有时候就会变成以诘诘人了。通常的情况是，坏人骂好人，好人反而不骂坏人，因为好人要给他留余地，而坏人绝不给好人留情面，所以，场面上被骂的反而时常是好人，骂人的反而是坏人了。这就是"直而无礼"的弊端。

"君子笃于亲，则民兴于仁"："亲"是，家人故交，君子关心家人朋友，则上行下效，百姓民风归于淳朴。"故旧不遗，则民不偷"，君王念旧，自然百姓就更加地淳朴了。

9-9：子见齐衰者〔1〕，冕衣裳者〔2〕，与瞽者〔3〕，见之，虽少必作，过之必趋。

——《论语·子罕第九》

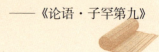

注释

〔1〕齐衰者，穿着丧服的人。

〔2〕衣裳者，穿着官服的人。

〔3〕与瞽者，眼睛看不见的人。

译文

孔子看见了穿丧服的人，穿官服的人，眼盲的人，就算对方年纪较轻，也会很尊敬地站起身来，经过他们身边时，会快步走过不要妨碍。

解析

这一条讲的是尊重他人的礼节。

脚踏实地实事求是的人，对人必有礼仪。孔子是知书达礼的大家，生活中事事重视礼节，礼仪的背后只有一个目的，就是关心别人，因为关心，所以有合宜的举止，关心就是仁，内仁必外礼，心中有仁爱之情时，他的行为必定是符合礼节的。但是，反之不必然，外表有礼节的，内心不一定有仁德的胸怀，如果只有外在的礼节，而内心并不真正关心别人，这就是流于形式，虚于应付，实际上对人不敬。菜根谭就说："待君子不难于恭，难于有礼。"就是说你虽然有表面上的恭敬态度，但是心中并不真正尊敬他，并不想跟他学习，并不想为他服务，并不关心他的需要，只是场面上恭敬应付一下而已，这样的行为，随时就会在一些小地方上显现出无礼的举动，你不自觉，人家心中已经有数了。更严重的，自己心中有伤人的念头时，更会以别人不知礼而斥责别人，其实就是自己心中有恶念，借由指责别人在一些礼节上的事情没有做到位而攻击他人。礼节，被误用了，礼节都是要求自己善意待人而有的，而不是指责别人不知礼仪而伤害别人的，人们常借此以反显自己很重视礼仪，这就是诘而不直，借由攻击别人而彰显自己，本质上是个恶行。

礼，表现为仪态举止，但绝不只是行为模式，也不只是言语恭谦，而是心中有爱，关心对方的需要，为对方做出一些有益于他们的事情，这样的举止才是真正的礼节。当对方不需要什么的时候就谦恭以待即可，当对方有需要的时候就积极协助。这是因为，礼多人烦，也只是骚扰别人而已。那么，究竟该如何才是有礼呢？这也不难分辨，就是站在他人的立场去关心他，因而有所作为，但也不必事事作为。对待长辈、领导、名流时尤其需要如此，往往是为了自己的需要而以谦恭之礼以接近之，然后就是有所索讨了，其实又是消耗他人的力气而已。关怀的行动，多用在比自己位低的或是弱者身上，这就不会礼多人烦，但要记住，无所求，否则又是以恩情压人了。

孔子时刻关心别人，君子与小人之别就是关心别人还是关心自己，孔子见到办丧事的，准备参加典礼的，眼睛不好的人，心中关爱的情怀不自觉地流露，就希望他们好，站起身来随时准备有什么需要帮忙的没有，而不论年齿，从他们身旁走过时，一定自己先加快脚步走过去，就怕耽搁了对方的重要事情。

这就是尊重别人应有的态度，圣人教我们平日待人处世的方法，不过，不必去记这些方法，而是要注意自己的态度，方法记不完，"圣人不记事，故不忘事"，只要有"关心"就好，时时关心就是仁，有仁爱之心时，行为就有礼了，不论对长辈尊者、还是晚辈部属。

1-2：有子〔1〕曰："其为人也孝弟，而好犯上者，鲜矣！不好犯上，而好作乱者，未之有也！君子务本，本立而道生；孝弟也者，其为仁之本欤？"

——《论语·学而第一》

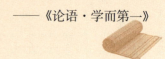

注释

〔1〕有子，（公元前518—？）名若，字子有。春秋时鲁国人，孔子弟子。

译文

孔子学生有若说，一个人做人能够孝顺父母、友爱兄弟、尊敬长辈，却会冒犯他的上级领导，这是很少的。一个人做人不冒犯上级领导，却会在社会上作乱，破坏社会秩序，这是更没有的。君子做事情要顾好根本，根本建立好了，事业就能成功。根本就是孝悌，孝悌是为仁的根本。

解析

这一条讲孝顺父母友爱兄弟的价值。

一个孝顺父母友爱兄弟的人，是不会对长辈无礼冒犯，为什么？因为他心地善良。其实人人都是善良的，但为了私欲，会损人利己，他的善心，就被自己遮蔽了。心地善良的人，他的善心还是时刻显露，孝顺友爱，都是本真的流露，本性已经如此，一般都不可能对职场中的上级领导冒犯。人们为何会冒犯领导呢？在不是领导不好的前提下，人们之所以冒犯领导，就是因为自己懒惰、好胜，偷懒懈怠的人就会对领导的要求表现不满，故而冒犯。好胜逞强的人就会蔑视领导的能力，故而冒犯。孝悌忠信之人，都是爱家的人，爱家也就爱社会，爱社会就不会冒犯自己的领导，也就更加不会伤害社会了，这就是孝悌之道的重要价值。可以说，儒家是一套德治主义的社会政治哲学，管理社会从个人品德做起，个人品德从孝顺父母做起。对父母家人的孝悌之性与对社会国家的忠信之性，都是内在一致的情感，因此一孝悌就不会犯上作乱了。务本之本是仁德之心，启发仁德之心，发为服务社会的行动。"本立而道生"，道就是服务社会的事业，本就是主体的态度，主体态度好，事情就做得好。"仁"是一切的本体，而"孝悌"，是入门的起点。所以，一个能服务社会的君子，是从小时候就在家里培养孝悌之心而成长起来的。

今天的社会，还是要讲究孝悌，因为孝悌是人性的根本，没有人不是来自家庭，家人都处不好，遑论社会服务。反之，今天的社会管理，要尊重家庭的伦理，管理制度的设计若违背了家庭伦理的需求，则是反其道而行，未有不失败者。

是故，轻诺似烈而寡信，多易似能而无效，进锐似精而去速，诃者似察而事烦，诈施似惠而无终，面从似忠而退违，此似是而非者也。〔1〕

——《人物志·八观第九》〔2〕

注释

〔1〕语出《人物志·八观第九》：何谓观其所由，以辨依似？夫纯讦性违，不能公正；依讦似直，以讦讦善；纯宕似流，不能通道；依宕似通，行傲过节。故曰：直者亦讦，讦者亦讦，其讦则同，其所以为讦则异。通者亦宕，宕者亦宕，其所以为宕则异。然则，何以别之？直而能温者，德也；直而好讦者，偏也；讦而不直者，依也；道而能节者，通也；通而时过者，偏也；宕而不节者，依也；偏之与依，志同质违，所谓似是而非也。是故，轻诺似烈而寡信，多易似能而无效，进锐似精而去速，诃者似察而事烦，讦施似惠而无成，面从似忠而退违，此似是而非者也。亦有似非而是者：大权似奸而有功，大智似愚而内明，博爱似虚而实厚，正言似讦而情忠。夫察似明非，御情之反，有似理讼，其实难别也。非天下之至精，其孰能得其实？故听言信貌，或失其真；诡情御反，或失其贤；贤否之察，实在所依。是故，观其所依，而似类之质，可知也。

〔2〕《人物志·八观第九》，本篇是教导利用各种行事风格，来验证人物的缺点，以便学会在各种不同的情境中，去品评人物的高下。本篇是人物志最具实战演练的一篇，对人性的种种好坏状态，分析最为细腻。这是从"做事风格"谈一个人是否是人才。

　　轻易承诺的人，表面看似忠烈，其实不是真会守信之人。把事情说得容易的人，做事通常做不成功。凡事一马当先，看起来好像很厉害的人，反而很快就半途而废了。爱责骂别人的人，看似纠察是非，其实把事情弄烦了。假装要捐赠的人，表面上对人施恩了，其实没有真的去捐赠。表面服从长官，看似非常忠贞的人，他翻脸就不守命令违背要求了。这些都是表面上像是做得正确的事情，其实内心不纯正，事实上没有做到的例子。

解析

　　这一条讨论"似是而非"者的行径特质。

　　做人要脚踏实地，不要似是而非，以下就是似是而非的几种类型。

　　"轻诺似烈而寡信"，轻易承诺别人可以执行任务的人，要的是承诺时的满足感，在承诺正道之事时，被人看起来像是个性刚直的人，但是，他是假的，要了名声却不能真正做事，以致无所成就，其实是寡信之人。所以，承诺太快者，恐有空亡之虞，太快承诺的人，常常只是抢一时的上风，却坏了正事。当然，承诺也不能太慢。想清楚了就承诺，承诺时不要争取荣耀，低调进行实事，这才是重承诺的人。因此，如何分辨？关键在承诺时是否同时就要邀功讨赏，或是承诺时一味享受被感谢的高高在上的优越感，这种人多半就是轻诺寡信者。一切眼前的好处都不肯放过，就是轻诺的人要的东西。

　　"多易似能而无效"，都把事情说得很容易者，表面上一副很能干的样子，其实是事情都没办成，这也是"似是而非"的类型。这是实力不足又无自知之明的人的毛病，总把事情说得简单，其实自己没有实务经验，只是嘴巴上不肯输，好名之人都有这个毛病，关键在没有实际付出过努力，因此不知道事情的甘苦，平常都是人家在做事，自己在旁边观看、评论以及享受成果，就以为事情都没有那么困难。轮到他发言的时候，就把事情说简单了，若让他承担重任，事情就败坏了。因此，场面上会随便发言、会把事情说得很容易的人，常常会坏了领导的大事情。领导者自己要知道事情艰难的程度，将任务交付真正有才干的人，才能顺利完成事业。但是，有才干者多谨言朴实，不讨好领导，所以，领导自己要能知人善任，不被部属的表面取悦而迷惑了。

"进锐似精而去速"，看到可为之事立刻去做，其实没有想清楚，只是性急贪多。看起来很精明干练，其实要得太多，实力不足，很快又被新的事物吸引，就忘了正在进行的好几件重要的事了。所以这种人在做的事情尽管很多，却也都放弃得更快。其实就是好奇心过重，导致喜新厌旧。

"诃者似察而事烦"，好管闲事、爱提批评意见的人，表面上好像精明察事，其实是把事情搞复杂了，反而是碍事的人。他的毛病其实是爱挑剔，内心并不信任别人，同时也是做事不能把握要点的人，拘谨而不潇洒，总想着自己所知道的事情的艰困面，却不能超越，不能看到长远的意义，不能精敏迅捷地解决问题，于是以难说易，找出许多麻烦给周围的人。其实就是缺乏行动力，没有承担力，挑一些麻烦让别人伤脑筋，自己站在旁边纳凉。其实这些麻烦根本不是大环境的麻烦，而是他自己内心的胆怯，或是不满，只想发泄，却不想成就事业，这种人缺乏理想性格。

"诈施似惠而无终"，喜欢装好人，轻易允诺会帮助别人，结果什么东西都不给人。这种人，没有仁德，勇气不够，心量不足，贪图小恩小惠的美名，心肠不慈善，名是一定要，事就不能办，行径近于坏人了。

"面从似忠而退违"，下对上，表面和悦顺从，而且非常顺从，非常听话，怎么都不流露出疑惑、抱怨的表情，且非常善美。然其本质，却是只求眼前一场应对过关而已，根本不把主管交代的事情放在心上，离开场面之后就不遵从了。他知道主管要人效忠，但他内心根本没把主管放在心上，但却懂得表面装乖听话，事情没办成一件，却从不当面顶撞。领导也识人不明，对那些有时不听话的人反而责备，对这些永远乖乖的人反而喜爱，却不能靠这些乖乖的人完成任何事业。领导者若老是要属下当面听从，结果就是身边跟着一堆废物，其实是随时会遗弃你的无能之徒。然而，有些领导自己根本也是无能，不知道事情究竟有没有办成，所以对于这种表面忠诚的人的虚伪也永远不能发现，可以说这种领导自己也是官场上的骗子。所以，做领导的，不要以为口头上好用的人就是真正的好用，他可能根本是假货。宁可要那些跟你质疑一下、抱怨一下的部属，他们流露出对事情艰难的真实情绪感受，但是却会忠诚地执行任务。

以上都是"似是而非"者。做人如果"似是而非"，那就是一事无成的结果了。

亦有似非而是者：有大权似奸而有功，大智似愚而内明，博爱似虚而实厚，正言似讦而情忠。

——《人物志·八观第九》

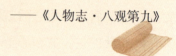

┃译文┃

　　做事情有一种表面上好像不对的做法，但其实却是一件好事的类型。有一种掌握真正权力的人，他的各种做法表面上似乎像奸邪的小人，但其实所做之事，是对百姓有功劳、有贡献的。有一种有大智慧的人，他在小事情上表现得有点愚昧的样子，而其实他是心知肚明的。有一种心胸博爱宽大的人，做事情好像没有给人什么直接明确的利益，但其实是真正善待厚爱了众人。有一种正直的讲话方式，它在言词表面上像是在责骂他人，但其实讲话者的内心是真诚地希望别人好的。

┃解析┃

　　这一条讲"似非而是"的类型。

　　"似非而是"的意思是，他的行径，实际上嘉惠了别人，但是做法上有一些不得已的地方，看似不对，但结果是好的，所以不用计较他在做法上的不对。

　　"大权似奸而有功"，要为百姓谋福利时，则既得利益者必定受损，因此必然招引既得利益者的不满，而这些人通常是占尽资源、享尽权势富贵的一群人。对付强者的贪婪，需要巧计，巧计中多有表面同流合污的做法，然而，这在其他正直者看来，就像是奸恶之行了。但其实，他是为了百姓的福利事业的实际推行，故而不得已的权巧之为，故而似奸而实忠。更重要的是，他是真能完成福利百姓的事业的干才，并不是真的认同奸臣贪索的行为，更不是自己要求索不当的利益。他知道百姓的福祉才是最重要的，而不是对利益集团的惩处，他为了维持自己的影响力，便与奸臣虚与委蛇，保持局面的稳定，落实照顾弱势者的政策，这就是他"似奸而有功"的实际情况。

"大智似愚而内明"，有智慧的人懂得避开危难，装笨，就不犯人家的忌讳，其实心里明白得很，只是不想去起冲突而已。私人利益都是小事，国家大事才是重要的。所以，坏人也常被好人骗的。但是，好人要骗过坏人，必须让他满足私欲，要让利于小人，而求大利给百姓。坏人要私利，好人要公义。好人在私利上表现愚昧、尽量糊涂，以求坏人的配合，但在公义上要绝对严明，以完成公事的交付。做公家的事，不就是领薪水办公事吗？何来这么多私利的争夺呢？小人以为领导不知道，其实只是装笨，睁一只眼闭一只眼，以换取公事的成功而已！小人只是要私利，大家都看在眼里，只是没有说出来而已，这是"大智似愚"的不得已呀！

"博爱似虚而实厚"，博爱者，兼爱众人，能舍、能给、能忍、能有所不为，表面上自己什么都没有，什么都不行，什么都不争，而似虚无一能，其实都是在爱、在让、在给、在成就、在等待。坚强的实力，扎实的基础，深厚的智慧，大海的胸襟。但因为都在让，故而好胜不明者讥以为虚。

"正言似讦而情忠"，真正责善护友者，或许会用便给的方式委婉责善，你以为他在拐弯骂你，但他的内心是真正爱护朋友的。"友直、友谅、友多闻"，真正的好朋友是要能责善的，酒肉朋友则只是利益之交，要与你狼狈为奸，故岂能责善？责善于不直之友时自己会受害，因此，谁愿得罪人？谁愿当坏人？所以，当你的面讲你，而不在你背后说你是非的人，才是真心爱护你的人。所以，人要能受人实攻，这才是了不起的能者。不能受人实攻者，只是弱者。他就算曾经有好朋友，也只能含泪远离他了。没有才干的人，几乎都是没有能责善的朋友。因为既不成材，责善何益？就算有责善者，也都被他骂跑了，所以周围都是群居终日、言不及义的无用者。本书谈的是人才，是人才，才会有忠言逆耳的朋友。

明察对方行为举止的内在真心之所依，了解其是否不如表面上表现的情况，反推其行为之背后，看出其举止背后之真正用意，这种工夫，就像法官断案，任务艰巨，很难分辨。若非智慧通达者，常常不得其实。所以，简单地听人说话、看他的表情，常会被诳骗，因其"似是而非"也。不能推测行为背后的真意，被他表面上负面的举动所误导，是自己的不智，这样会失去真好人，因为他"似非而是"。人之是否正直？决定于内心真正的意图，而非外在的行为。内心的依据是正是邪，才是确定好坏的根本。所以，找出他的真心之所在，才能知道所似者之真是真非。

《人物志》真是一部人事宝典的奇书，是中国古人留给子孙的人事智慧宝典，仔细研读，详细品味，认真推敲，必能成为职场上能够用人的通人，进而创造伟大的事业。

立身不高一步立，如尘里振衣，泥中濯足〔1〕，如何超达〔2〕？
处世不退一步处，如飞蛾投烛，羝羊触藩〔3〕，如何安乐？

—— 《菜根谭》

注释

〔1〕泥中濯足，把沾了污泥的双脚洗一洗。

〔2〕超达，超凡脱俗，与世俗之人不同。

〔3〕触藩，撞在树丛形成的藩篱上。若是长了交叉的头角的羊只撞上去了，触藩，它就进退不得了。

译文

在群体中对自我目标的设定，要有高于他人的理想，理想若不高，就像在灰尘里抖衣服，衣服还是有灰尘，就像在泥潭里洗脚，脚还是洗不干净，这样如何能超凡脱俗？

在体制里对各种利益的追逐，要有能退一步的胸襟，不懂得退让，就像飞蛾扑向燃烧中的发光蜡烛，立马被烧死，就像长角的羚羊冲向藤蔓缠绕的树丛，结果被卡住，进不去也退不回，这样的日子如何安乐？

解析

这一条讲理想要高远，利益要退让。

"立身不高一步立，如尘里振衣，泥中濯足，如何超达？"立身是讲理想，在社会做事情，不论碰到什么状况，都要弄清楚自己来这里的目的，就是努力学习，老实干活，把工作做好，对社会有益。人人如此，社会就文明安详了，这就是自己立身的目的。人要有自己的理想、人生的方向，这就是"立身"，要高一步，这一步就是人我之别。别人不如此，那是别人的事情，别人不是自己，自己要有理想，作为众人的典范。否则，人家好意思干坏事，你也好意思干坏事，结果你在社会上做事，一边做事一边使坏，那就是"如尘里振衣、泥中濯足"，衣服还是灰尘一大堆，双足还是泥土一大堆，只是瞎搅和，浪费生命，因为你和世俗没有分别，你的生命没有异于别人的光彩，"如何超达？"，这就不是君子的形象了。

"处世不退一步处，如飞蛾投烛，羝羊触藩，如何安乐？""处世"是与众人共事相处，此时也有一个重要的认识要建立，就是有关人际关系的维护问题，维护好人际关系才可能做事成功，也就是要想着多做事少争功，才可能人际关系好、事情又做好。然而，人们一般都有争功之心，此心一起，人人杀得眼红，只想着私利，忘了公事，百姓的事情变得不重要了。同时，人家见不得你好，不让你好做事，你也见不得人好，也不让人家好做事。结果大家都做不好公家的事情了。但是，职场上总有些事情不能拖、不能等，有些事情的责任就是在你自己身上，推也推不掉，结果在你与别人争名夺利时，这些事情你全部都办不好了，自己该负责任做好的事情却办不好，这可怎么是好？这就是自寻死路，正所谓"飞蛾投烛"。为什么会落到这步田地呢？就是因为你已经进退两难了，所谓"羝羊触藩"，羊角缠在篱笆丛中，进退不得。一句话，害人害己。你既害人，人亦害你，你想把自己的事情做好，就做不成了，关键还是自己爱争夺利益，不肯相让，不肯"退一步处"，既然如此，只能眼睁睁地看着人家来妨碍你的任务，导致你自己的任务失败了，"如何超达？"

所以，与人相处要退一步。特别是为了自己的面子、酬劳、地位、形象、利益的这些事情，完全不用去争，要争的只有你的任务要圆满完成。这社会，小人多，坏人不少，他们就想着利益，而你是君子，你想的就是要把事情做好。这就是你和别人不同的地方。难道与人争利比公家的事情办好更重要吗？这要想清楚。事情办得成才是有用的人，也才是有能力的人，事情办好才是君子，否则只是无能的小人。因此，退一步吧。退的不过是私利，又不是公事。难道人们真的一投入职场就都忘了理想吗？

理想要高，不要与人同流合污。利益要让，不要卷入无谓的纷争里。

君子之心事，天青日白，不可使人不知；

君子之才华，玉韫珠藏〔1〕，不可使人易知。

——《菜根谭》

注释

〔1〕玉韫珠藏，把珠宝美玉收藏在箱子里。

译文

处理公家事务时，君子心中所想的事情，要像大白天里太阳底下的东西，可以被人家看得清清楚楚的，不能有不可告人之事不敢说出去，否则就是心中有恶念了。

在群体里与众人相处，君子个人的才华与能力，要像宝珠美玉被收藏在盒子里一样，不可以随意拿出来展示炫耀，这样就失去宝珠美玉的价值感了，反而被人家看轻。

解析

这一条讲个人外在形象维护的原则。

做一个有用的人，就要有实力，然后为社会所用，所谓为社会所用，就是理解自己是来服务的，服务的时候，真诚付出而没有私心，你想的就是你说的，你说的就是你做的。有些人，做公家的事情，有自己的私心，说的不是想的，更不是做的，想的做的都是不能说出去的，因为是有害团队的事情，这就不是做事的态度了。所以说："君子之心事，天青日白，不可使人不知"，能做到这一点，可以说你是"此心光明正大"的人了。

人有公事上不可说的事情，自己心里就会有压力，就会爱发脾气，他的身心都不健康了。

　　做一个有能力的人，就是要为社会服务，一旦在岗位上，就是努力做事，而不是想着自己的升迁与酬劳，若想的是这些事，这个人就会好表现，是自己的舞台时当然卖力表现，不是自己的舞台时他也要抢着表现。人在自己的舞台上，认真做事就好了，卖力表现就会对同事造成压力，让人心生不满，自己以为引起长官的重视了，其实是惹人厌烦，甚至引人猜忌。其实，比你厉害的人，不需要你刻意表现，看你日常的言行，就知道你的底细了，若是刻意表现，抢占风光，反而使人看轻你，觉得你不安其位。至于不是你的舞台的场合，你还刻意表现，那就是你过于焦躁了，稍微不能惹人注意，就以为没有存在感，所以时时都要展现高人一等的态势，这都是没有实力的人的作风，只是暴露自己的不足而已。所以说，"君子之才华，玉韫珠藏，不可使人易知。"。

　　一般年轻人，或是心态不成熟的人，做事好表现，抢功劳，都是在泄漏自己的不足以及贪念，比你明白的人都看得清清楚楚。要切记：人有多少能力做多少事，人要继续学习、努力工作就会一直提升能力，在能力成长之后，定力就会更强大，此时自然会有比你更强的人来选择你，于是你就有了改变工作环境的机会了。关键还是实力，而不是刻意的表现。"古之学者为己"，他只管做好自己做该做的事情，是实的，"今之学者为人"，他们都是在表演，是虚的。

　　人首先是不了解自己，然后就不了解别人，以为刻意表现就会有好处，其实却是惹人厌烦。人了解了自己，就能够专心做自己的事情，事情做好，命运自然就改变了。如何了解自己？就是了解自己该做的事情，然后专心努力去做，心境平和，不焦不躁，做人就有味道了。

口里圣贤，心中戈剑，劝人而不劝己，名为挂榜修行〔1〕；独慎衾影〔2〕，荫惜分寸〔3〕，竞处而复竞时，才是有根学问。

——《菜根谭》

|注释|

〔1〕挂榜修行，挂着修行的招牌，没有实修。

〔2〕独慎衾影，矜持于自己的形象，看重自己的人品。

〔3〕荫惜分寸，珍视自己的行为举止。

|译文|

嘴里讲着圣贤的道理，心里装着害人的密谋，只知道敦勉别人去做圣贤，而自己却做着小人勾当，这就是挂招牌做修行，根本只是表面工夫。

做事情管好自己的动机，注重自己的形象，有分寸地待人处世，随时随地，把握场合，更把握时间，这样的学问，从生活中建立起来，才是有实效的。

|解析|

这一条讲修行与学问中的自我要求原则。

"修行"就是要提升自己，提升自己就是在改正自己的缺点。但是，人们总是先能见到别人的缺点，却不能面对自己的缺点，这样就不是在"修行"了，而是在嘴上喧哗而已。当一个人在公开场合或当事人不在场的私下场合数落别人的不是的时候，这就是在攻击别人了，这就是"心中戈剑"，内心有怨毒，喷向别人，这哪还是在"修行"呢？为什么"修行"的人会去攻击别人呢？因为"修行"不易，稍一接触，就看到了境界太高，自己够不上，但别人更是够不上，于是心中想的就都是别人的缺点了，嘴巴上说的就都是别人的短处了，把别人说下去了，好像自己就高明了，于是不会去改正自己的缺点来提升自己，而是去践踏别人以标榜自己，把别人比下去，就好像自己已经修行得很好了的样子，实际上是一点进展也没有。

"修行"就是修自己，成佛成圣都是自己努力做到的，不是把别人比下去就成佛成圣了，嘴巴上尽说自己的好，心里想的却是害人的念头，背后做的又是伤人的事情，这就绝对不是"修行"，所以说"口里圣贤，心中戈剑，劝人而不劝己，名为挂榜修行"。"挂榜修行"就是圣贤的话头满嘴喧哗，心中想的做的却都是在害人，"劝人"为善，却不"劝己"改过，这就是没有修行，不但没有修行，甚至还标榜自己修行的很好了，这就是"挂榜"，高悬一个假象，好像自己够着了。

做学问，就是要用，用在有用的事情上。但事情是一直来的，要有学问才能应付得好，所以学问要勤快地做。时时在做学问，处处在使用学问，当环境需要你的才华的时候，你的学问早就准备好等在那里要用出来了。这才是有根的学问，扎入地下的学问，进入生活的学问，对人有用的学问，帮助社会的学问。做学问就是不能懈怠，不能等待，因为环境不断地需要你，所以要勤快，要积极，要把握时间，做学问就是做事情，要随时做学问，才能随时做事情。这就是"独慎衾影，荫惜分寸，竞处而复竞时，才是有根学问"。

"竞处复竞时"，就是"随时随地"。但是"时依于地"，时间有了，场合不对，就不好做学问了吗？并不是的，场合不好固然影响做学问，但也不能场合一不好，就不做学问了。而是要努力把场合弄对，要找适合的场合做学问，就要选择你活动的场合，让自己较多的时间是处于可以做学问的场合中，这就要管理自己的行动方案了。做学问要静待一处，能不换地方的时候尽量不换地方，能在一个地方做很多的事情的时候就尽量多地做事，把握场所，积极做事，努力读书，你的学习成长才不会被环境的变化而打断，你要做的事情的准备才能随时随地而进行。所以做学问不只是要面对知识，还要处理环境，总是要给自己一个可以干活的空间，才会有读书的时间。然而，空间场合又是决定于事情的本身，于是找好的场地等于做适当的事情，你的行业不对，你出入的场所不对，那怎么能有好的场合可以用功呢？所以，选择行业，选择事情，就有了好的场合，就能够时时用功，能够时时用功，自然就学问增长、能力提升，就可以做大事业了。如果不读书，又不学习，一个人如何能有做大事情的能力呢？

气度〔1〕要高旷，而不可疏狂。心思要缜密，而不可琐屑。趣味要冲淡，而不可偏枯〔2〕。操守要严明，而不可激烈。

——《菜根谭》

注释

〔1〕气度，自我设想中所要追求的目标的格局，目标越是关心众人就越是远大。

〔2〕偏枯，即走极端。

译文

考虑事情的格局要高明而旷达，不可以偏邪而狂荡。思考事情的做法要缜密，但不可以陷入琐碎末节的事上。正事以外的私人兴趣要简化地做，切不可以走偏锋。要求自己遵守道德要态度严明绝不轻忽，但对别人却不可以激烈地责骂。

解析

"气度要高旷，而不可疏狂"，什么叫做"高旷"？"高旷"就是我有理想，我希望我们社会好，所以会做一些对社会有益的事情。什么叫做"疏狂"呢？"疏狂"就是我行我素，自己觉得了不起，对组织没有贡献，所以情绪浓烈，任何场合讲话都咄咄逼人，他做的事情究竟是利益了我们的组织呢？还是他个人呢？其实就只是利益了个人而已。"高旷"就是做什么事情都想到去利益团体，"疏狂"就是什么舞台他都想上去表现一下，但都不是去利益团体，而仅仅是个人的意气爽快而已。

　　"心思要缜密而不可琐屑"什么是"缜密"呢？"人一己百"，"人十己千"，这件事情，这个工程一定要百分之百的圆满完成，这叫做"缜密"，用自己的专业和丰富的经验把事情做好，想到的都是跟事情的发展有直接相关的细节，任何细节都不放过，这才是"缜密"。什么叫"琐屑"呢？做事情根本就没有掌握到重点，只是表现出非常卖力的样子，让老板不要指责自己没有认真干活，所做的事情跟大局没什么关系，其实就是躲藏在某一件琐屑但不重要的事情上消耗精力，让人家不会把他从这个不重要的位置拉到另一个重要的位置，因为他已经把自己绑在哪个不重要而"琐屑"的事情上了。人要怎么样从"琐屑"中解脱，变得"缜密"呢？那就是要学习。人为什么要学习呢？因为有理想。没有理想的话，事情随便做一做就好了，交差了事，就不可能"缜密"。就会躲在不重要的事情中演戏。这样的人都不会想要学习的，一旦不学习，平常所做的事情都会是不重要也不急的"琐屑"的事情了。所以人要有理想，才会有能力，才会愿意学习，为了学习，可以花两倍甚至十倍的时间，如若不然，对一些不专业也不重要的事情还要花上两倍甚至十倍的时间，那就只是挖个地洞躲在那里，不要让老板看到我有空闲，不要让别人把我拉去做更重要的事情，如此而已。最后，人就变得越来越无能，越来越"琐屑"了。所以，人就是要有理想，但人为什么要有理想呢？因为你有非爱不可的人，你的家人、你的朋友、你的同胞、你的社会，你希望他们好，希望社会好，你就会有理想，你就会在专业上好好的学习，在做事情的时候"缜密"地落实，而不是躲在"琐屑"中逃避责任。

　　"趣味要冲淡，而不可偏枯"。"趣味"是什么？是你的兴趣嗜好，人是可以有兴趣嗜好的，而且你爱玩什么都可以，只不过，在做公事的时候，要放下你的兴趣，要专心在公事上。有这个兴趣可以，但可以玩也可以不玩，有时间就玩，没有时间就放下。好的连续剧不要一次看二十几集，看个三五集，没时间了，就停下来，过三五个礼拜后又有时间了，再看个三五集，这样非常好，这叫做"冲淡"，就是没有被兴趣嗜好阻碍了正事的进行。什么叫"偏枯"呢？知道明天要上班，还非得一次看二三十集连续剧，明天白天就恍神，下班以后又看了三十集，到了第三天，被老板看到你眼眶红肿，精神不济，瞌睡连连，你把他付薪水来工作的时间用来补眠，而且今天要开重要的会议，但是你满脑子都是那个连续剧的情节，人活在 21 世纪，心思跑到大汉天威、到康熙雍正、到外层空间去，那就是太"偏枯"了，轻重不分了。

"操守要严明，而不可激烈"。什么是"严明"呢？就是要求自己要"严明"，什么是"激烈"呢？就是要求别人很"激烈"。人能坚定地要求自己，这叫做"严明"，严以律己。只会激动地指责别人，这叫做"激烈"，严以待人。"激烈"会造成人际关系的冲突，会使得以后做事越来越少人愿意帮你。你担任主管，大家都会想从这个单位调走，你就没有好的干部了。好人都是好说话的人，对人不必太严苛，不对人"激烈"，而是对自己"严明"，要求自己时要意志坚定，至于别人的操守是别人的事情，要委婉规劝，期待对方改过，而不是用严厉的态度去责骂他，有时候，这种行为就是"色厉内荏"而已，装模作样，利用别人的过错，显示自己的正义，其实就是抢夺资源的行径而已。

《人物志》中就说人有三种等级，碰到大事情来的时候，"急己缓人"的境界是最高的，"急己急人"是其次，最差的是"急人缓己"。自己努力做，也要求人家继续做，今天下班大家不准回家，留在这个地方，我没有走谁也不能走，这是"急己急人"，至少他做到了急己，但他也急人。最坏的一种就是"急人缓己"，这件事情一定要完成，要是你们没有完成绝对不能回家，然后他自己就回家了。最高的境界是"急己缓人"，这件事情很急，我留下来，你们谁可

脚踏实地　实事求是

以留下就尽量留下来帮忙，哦，你家里有小孩，你不用留下来，你赶快回去，明天早上准时上班就好，明天早上来帮我们把今天完成的东西寄出去就好，碰到这样的领导的时候，这让部属多么感动啊！也许她回去弄好，没事了，晚上九点多又跑来单位，因为她家里的事情已经搞定，她非常安心，只要工作今天晚上完成，她今晚就可以帮忙把东西寄出去。"急己缓人"是境界最高的。这也像是"严明"和"激烈"的差别，做领导的要求自己"严明"就好，要求部属时不要太"激烈"。

以上四条，都是做事情的态度，会做事情的人，才能够做到的。关键就是自己有实力，重视自己的职责，同时关心周围的人，这样的人做事，总是属于成功的一方。

处世不必与俗同〔1〕，亦不宜与俗异〔2〕；

作事不必令人喜，亦不可令人憎。

——《菜根谭》

注释

〔1〕与俗同，迁就于世间俗套。

〔2〕与俗异，标新立异，我行我素。

译文

处理世事，不要事事苟合于世俗的做法，也不可以所有的世间风俗都不照顾，我行我素。

与人共事，不必一味地要讨好人家，也不可以故意找人家的麻烦，令人怨恨。

解析

这一条是辩证地谈处事的方法态度。

人在社会做事，要有儒家的承担精神，也要有道家的潇洒态度，承担该承担的任务，潇洒于世俗的束缚。承担是自己认为该做的事情，不需要别人要求也会做。束缚的发生，通常是别人未能尽责之后转变出来的对众人的要求，借由要求众人，好像他们自己尽了责任，其实这只是心理上的投射，虚伪欺骗的做法，有智慧的人，不必受制于这样的束缚。

"处世不必与俗同，亦不宜与俗异"。"不与俗同"的意思就是，人家攀龙附凤、附庸风雅、逢迎拍马、锦上添花，种种诸事，只是虚浮而已，我们保持自己的尊严，节约自己的时间精力，不必搅和参与。表面上似乎失去了一些什么，其实并没有失去什么，因为你就算做了这些事情，也得不到什么，你要做的事情只是进德修业的事情，是自己学习成长以为社会服务的事情，上面这些世俗的行为，无一是能进德修业、增长智慧、建设社会的。所以不必参与。"不与俗异"的意思是说有一些基于礼仪、人情而来的风俗习惯，人皆为之，我亦为之，不必刻意自高于人，例如参与婚丧之礼，出席重要典礼，保持年节的风俗等等，这些事情，不做者不为高，做者不为低，纯粹是人在世间的互相关怀陪伴参与之情怀而已，应该好好参加。

人在社会做事，必须要有拨乱反正的承担，但不可以有找人麻烦的作风。拨乱反正之时，难免得罪别人，问题是，别人之所作所为已经危害社会整体利益，伤害社会弱势族群，那就不是我们自己避免灾祸、明哲保身的问题了，而是防范社会堕落、甚至国家崩溃的关键时刻了，因此"作事不必令人喜"，该阻拦的就要阻拦，该制止的就要制止，不可以因为想要讨好别人，就任由他去。但是，一件坏事被阻拦下来了，这样就可以了，不必再去针对当事人做人身攻击，去找他的麻烦，这样就变成个人之间的仇恨了，而不是仅仅是维护公众利益的范围之内的事情而已了，所以说"亦不可令人憎"，就是对事不对人，做事不找人麻烦，让人家感觉只是针对个人，这样又是结仇，私人恩怨也没完没了。

这样辩证地看事情，正面反面地讨论，就最终能够把事情处理好，获得意境高远的格局。

惊奇喜异者〔1〕，谅无远大之识；苦节独行者〔2〕，要有恒久之操。

—— 《菜根谭》

注释

〔1〕惊奇喜异者，对于不寻常的事情特别喜欢谈论，以让人注意自己。

〔2〕独行者，行为特立独行的人。

译文

喜欢谈论奇风异俗之事者，与喜欢行为特立独行者，想必没有远大的志向与见识。行事刻苦自励踽踽独行者，若非真心诚意，而只是为了标新立异，就不能持久。

解析

这一条讲刻意的行径都不是太好的。

人生在世，求一个有价值的角色扮演，则莫不须脚踏实地，老实做事，但就因为做事老实，所以没有什么出风头的机会。然而当事情需要你的时候，关键时刻却都能及时达成，所以你就是个对社会有用的人，做人就是要做有用的人，是个有用的人，自然会有发光发热的时候，荣誉降临己身，自我信心坚强，也更具备了为人处世的能力。然而，有许多人，事情不认真做，从来没有机会在正式的舞台上被众人肯定，但却又不甘寂寞，总想能一飞冲天，广受世人注目，只不过没有什么真本事，那就索隐行怪、特立独行吧，这就是"惊奇喜异者",然而,他这事只是为了一时出风头而做的,所为之事也不是真的有关众人之事,而只是吸引大家的眼球而已,众人的关注也不是对英雄豪杰的崇拜,而是对新奇好玩之事的凑热闹,喜于这种行径者,"谅无远大之识",因为他所做的事情并不是维护和建设众人之利益的事情。所以,"惊奇喜异者,谅无远大之识",做人,都是脚踏实地者,才能真有所成。

有时候,他们所做的事情倒不是只关风月,而是看似理想远大,但却采取"苦节独行"的做法,这样做事一样会引人侧目,只是,"苦节独行"是为了追求长远的理想,过程中就是炼养心智的,艰苦可想,甘心忍受,这是必经的过程。若是目标在于希冀别人的青睐,幻想着人家看到自己的节操就能破格拔擢,一旦佳音不来,难免半途而废,因此,若无"恒久之操",则所节所行依然是假象而已,必然败下阵来,所以"苦节独行者,要有恒久之操"。否则一样是不实在的。

人就是规规矩矩做事、脚踏实地做事、正常姿势做事就好,不要"惊奇喜异",也无须"苦节独行",除非世道艰难,胸怀大志,"苦节独行"是难免,但既是"苦节独行",就不要引人注意,引人注意的"苦节独行"等于是"惊奇喜异"。

士君子济人利物，宜居其实，不宜居其名，居其名则德损[1]；士大夫忧国忧民，当有其心，不当有其语，有其语则毁来。

——《菜根谭》

注释

〔1〕德损，做损伤自己德性的事情。

译文

正人君子要帮助众人打理物资以建设社会，这是苦干实干的实事，一定要真正做好事情，不可老是让别人给你戴高帽，享受好名声，你光说不练，却仍有美名，便是在德性上有所亏损了。

公卿大夫关心国家百姓，应该要真心诚意，落实具体事情，而不是老是说一些关心社会国家什么事情没做好的话，话说多了，人家不高兴，就要来诽谤你了。

解析

这一条讲君子宜居实不居名、有心无语。

士君子是要来做事、为人民服务的人，那就是要实实在在把事情做好，事情如果没有落实，却一味接受别人的赞誉，就会引来不满之声，就算没别人批评，自己喜沾美名而无其实事，这就是于德有损了。关键就是，君子就是来做事的，不是来装样子享美名的，享美名者无德，实做事者才是真君子。可惜，人们常常要其名而不就其德。这就是"士君子济人利物，宜居其实，不宜居其名，居其名则德损"。

士大夫要关心天下事，也就是关心百姓的安危贫富，关心就要去做事，在关键处发言，在利害时出手，在需要时出面，总之，一马当先无落人后。这样的品格，肯定让人民爱戴感恩。可是，常常有人光说不练，一副关心天下是非正义的姿态，却没有实际承担艰难的气概，漂亮话说一说，沽名钓誉一下。这样的人，是会让人家讨厌的。这就是"士大夫忧国忧民，当有其心，不当有其语，有其语则毁来"。

君子大夫都是有名有实的人才能担得的，然而大多数人都想要得此美名而不能落实其德，想要被美名称颂，想要表现关心天下事的姿态，其结果，只享其利不受其责，岂能是真君子、士大夫？虚名享多了，虚事做多了，德性岂不亏损？

做人无甚高远事业，摆脱得俗务便入名流[1]；

为学无甚增益功夫，灭除得物累便致圣境[2]。

——《菜根谭》

注释

〔1〕名流，即有正确的价值观，能够引领社会大众往善的方向发展，因而为人津津乐道的人。

〔2〕圣境，人生最理想境界，圣贤境界。

译文

做人要做有意义有价值的事业，并不需要靠着什么高大上的事，而是做事情时，不以自己的私利为考虑，这样所做的事情就是有利于社会的事业，因而使自己变成社会名流。

读书是为了求学问去报国，不需要什么花招，只要读书的时候，把自己的心思端正就好，不受物质欲望的诱惑，然后努力服务社会，这样便能达到圣贤的境界。

解析

这一条谈在做事和读书时如何才是真名流达至圣。

做人就是尽本分，什么事情觉得是自己该做的就去做，不为名声，不是表演，自然流露之真情而已，自己真情流露，开朗大方，在人群之中就会有光彩，人人喜欢亲近，爱拿你做话题，事事跟你效学，有话想讲给你听，有事想让你知道，仿佛告诉了你，就是告诉了全世界，你就是人人心目中的名流了。名流是人家喜爱你才叫名流，不是索隐行怪、特立独行、引人注目，那只是是非之人，不甘寂寞者，是好名者，而不是名流。名流是有好名声的人叫作名流，不是老爱出风头的人就是名流。

俗务就是搅和是非，说人闲话，放着自己事情不做，光爱插队凑热闹，搞得任何场合都有你，但你都不是重要的人，你只是到处流窜，插花而已，这并不是名流。所以，要摆脱俗务，要真实地做自己该做的事情，做个有能力有成就有贡献的人，才是名流。

为学就是学做人，学做人就是好好做事，做对自己、对社会有益的事，说话说对别人有用的话，人家觉得你有用，你就是人上之人，你对人家没有用，你就不是人上之人。有用就是有增益社会的效用，而不是贪欲甚重、增加大家的负担、做事得提防你的心眼、利益分配得多给你一些、讲话得小心不得罪你的人，这样你让大家很累，等于是制造麻烦的人，事事人家得关注你，其实是为了提防你，因为怕你，而不是因为你是圣人，而是你自己高高在上而已，你为了私欲绑住自己，也累坏了大家。除掉这些物累，让别人轻松，让别人得利，人人感激你，也不必刻意谢你，你就入圣了。入圣不是自己端架子，而是人家自动靠近你，你是易于为人亲近的人，这就入圣了，因为你必定是乐于助人的人，而不是要挟感激你的人。

富贵名誉，

自道德来者，如山林中花，自是舒徐繁衍〔1〕；

自功业来者，如盆槛中花，便有迁徙废兴；

若以权力得者，如瓶钵中花，其根不植，其萎可待矣。

——《菜根谭》

注释

〔1〕舒徐繁衍，舒适安稳，不慌不忙，自自然然地生长繁衍。

译文

富贵与名誉是人人想要的，如果是因为有德者的言行而获得到的赞誉，那就像是开在山里面的花朵，舒适安稳不急不忙地自然繁衍。如果是因为自己为组织建立了功业，别人对自己的赞誉，就像花盆里的花，会被搬来搬去，不一定放在何处，只看组织需要而已。如果不是自己做了什么功业或有德之事业，而是因为自己有权有位就被人家赞誉的话，那么这种赞誉就像插在花瓶里的花，因为已经被截枝，没有根土的依附，只要等到水干叶枯，很快就会死亡了。

解析

这一条讲人所得到的三种不同层次的富贵名誉。谈在做事和读书时如何才是真名流达至圣。讲君子宜居实不居名、有心无语。讲刻意的行径都不是太好的。

"富贵名誉"人人喜欢，好人喜欢、坏人也喜欢、无人不喜欢，但得之宜有道。虽然道途甚多，却境界有别。所以本书就以"山林中花""盆槛中花""瓶钵中花"来比喻说明。

"山林中花"自己会生长的，表示自己有德，种在别人心田中，人家永远感念，时时记得。只要是在身边跟你相处的人，都是如沐春风，恩情不灭。不必特别什么事功，也不是来自权势，就是人品芳香而已，人人自然夸誉赞美。"盆槛中花"依赖环境，环境会有变化，就如政团有兴废，政策有变异，你的贡献，是依据自己的职务措施便民而得者，职责所在，不能不做，但做了仍是有功于人民，因此获得感念，然而一旦政策有变，自己也不能扭转，功业也就随之而失效。至于"瓶钵中花"者，本就无根，几天后就枯萎了，只是它一时美观，人人争睹，睹其权势之荣彩，人人争先恐后，恐其"后夫凶"①罢了，这就是因权力而得来者，没有实功，只因高位在上，人人趋炎附势而已，众人若得到利益，可能转身就走，若得不到利益，可能就破口大骂，自己若失时离势，则众人一哄而散。但是，依权力而来的荣誉却也是最鲜明最快速可得者，基本上一旦上居高位，种种美德之名必纷纷笼罩，实在是小人的嗜欲表现而已，送你一分会要你十分，自己切莫当真，更不要受用，否则一转身，难堪就来了。

这一段文字告诉我们，荣誉人人喜得，但要以自己的德性而得，否则得了又失，落差太大，虚假的荣誉不要得，以后要付出代价的。

---

① 周易比卦卦辞："比：吉，原筮，元永贞，无咎。不宁方来，后夫凶。""后夫凶"是说遇到强大的帝王时，就要主动亲比他，若是来晚了，什么好处都没有了。

言语无序，亦足以见心之不存。

——《传习录》，门人陆澄录

┃译文┃

讲话语无伦次，不知所云，就是这个人做事不用心。

┃解析┃

这一条讲言语有序是工夫。

做工夫要存心，心时时刻刻定在道德价值上，以此为做事的标准，则言语处事都得当。若是存心不足，多欲好利，患得患失，天人交战，语言就飘忽，说话说了半天没说出个重点来，浪费众人的时间。一个人心定了，言语就定了，不论繁寡，必有条理，不会存在内在矛盾。所以，言语是心的枢机，不可无序，言言一旦无序，定是本心走失了。而有工夫的人，时刻言语也都是稳定妥当的。

讲话要学，不是学技巧，而是学用心，然后多读书懂道理有知识，话自然就讲得好了。若是不懂得把心调好，没有一颗关爱的心，则有技巧的讲话，就会变成"巧言令色"了。孔子说"刚毅木讷近仁"，其实他不是不会说话，只是不乱说话，关键是有仁德之心，那么他的讲话就自然有温度有条理有内涵有价值了。

现代人要学讲话，不用报名培训机构，要做的只是调理你的心，有对别人的关心，话就会讲得好了。

脚踏实地　实事求是

或问至诚前知。先生曰："诚是实理，只是一个良知。实理之妙用流行就是神，其萌动处就是几。诚神几曰圣人。圣人不贵前知；祸福之来，虽圣人有所不免，圣人只是知几，遇变而通耳。良知无前后，只知得见在的几，便是一了百了。若有个前知的心，就是私心，就有趋避利害的意。邵子〔1〕必于前知，终是利害心未尽处。"

——《传习录》，门人黄省曾录

注释

〔1〕邵子，邵雍（1011—1077），字尧夫，死后谥康节，北宋儒学家，主要是易学进路的历史哲学，北宋五子之一。著有《皇极经世》《观物内外篇》《先天图》《渔樵问对》《伊川击壤集》《梅花诗》等。

译文

人家问何能至诚前知？王阳明说，至诚的"诚"是对于是非对错老老实实地处置，背后是良知主导。良知主导的价值意识仁义礼知巧妙地落实在具体事务上的作用就可以说是"神"，每次事件要发生时，良知所掌握到的关键心念就是"几"。掌握了"诚神几"就能成圣人。圣人不是要预测未来，个人的祸福圣人也不能免除，圣人只是知道事情该怎么做的关键，碰到情势的改变，也知道该如何应对。圣人就是良知主导，良知掌握是非，事情前后一以贯之，当下处置好，便是永恒。如果做事有个计算未来利害的心，就是自私了，就会趋利避害，而不顾是非了。邵雍追求预测前知，就是心中尚有利害之心。

| 解析 |

这一条讲人不需要预测命运。

王阳明的良知一说，负担了许多的功能，唯一不负担前知的功能，亦同时否定了道教佛教的法术神通，这并不是说阳明否定道佛有法术神通，而是阳明哲学中的最高核心范畴良知这个概念里面，并不包含良知发动可以前知的功能。这是因为，良知固然生天生地知色知声，但却不负担预测未来之功。圣人不贵前知，就是不重视知道未来、对未来可以预测，这样的能力，唯一拥有的能力，是知道是非对错，在事件处于是非对错一念之间的时候，良知它看得清楚，若能配以坚强的意志，一路走去，就是圣贤君子的康庄大道。所以说它只是当下是非之知，不是对未来的前知，它的知机不是预测，只是知是非。王阳明以此批评邵雍预测术，是尚有私心在的私念。王阳明追求的是知几而不是前知，该如何就如何，应对得宜的智慧。

邵雍以及历史上一些易学大家的学问，确实包括预测术在里面，但研究预测术的人，不等于就是有私心，这一点王阳明说话还是太过了，人都有知道未来的能力，易经哲学的预测术只是把它显像化了。当然，人在社会上做事，靠的是本事，而不是预测，若都事事预测，这样此人也没有什么价值了。

问格物[1]。先生曰："格者，正也，正其不正以归于正也。"

——《传习录》，门人陆澄录

注释

[1] 格物，是《大学》的文本，"古之欲明明德于天下者，先治其国；欲治其国者，先齐其家；欲齐其家者，先修其身；欲修其身者，先正其心；欲正其心者，先诚其意；欲诚其意者，先致其知；致知在格物。物格而后知至，知至而后意诚，意诚而后心正，心正而后身修，身修而后家齐，家齐而后国治，国治而后天下平。"格物原意是研究事物的知识道理，王阳明改为革除物欲。

译文

问格物是什么意思？阳明说，格就是正，端正之，端正不正的事情，使他回归正途。

解析

这一条讲格物工夫的做法。

在王阳明看来，格物不是去面对事物而研究知识，而是面对事情的时候去处理自己的心态之正不正的问题，是处理意志纯粹化的问题，是本体工夫的贯彻道德意志，把面对事物的不正之念去除，即是去人欲存天理。

所以阳明心学的格物说，就是自己去除心中的杂念妄想的工夫。念头正了，事情自然就正了。许多事情办不好的人，都是自己心中有杂念，事情不朝向正确的方向去做，自然到处有障碍。事情要办好，念头要端正，格物就是去妄念、正念头的工夫。

来书云：凡学者才晓得做工夫，便要识认得圣人气象。盖认得圣人气象，把做准的，乃就实地做工夫去，才不会差，才是作圣工夫。未知是否？先认圣人气象，昔人尝有是言矣，然亦欠有头脑。圣人气象自是圣人的，我从何处识认？若不就自己良知上真切体认，如以无星之称而权轻重，未开之镜而照妍媸〔1〕，真所谓以小人之腹，而度君子之心矣。圣人气象何由认得？自己良知原与圣人一般，若体认得自己良知明白，即圣人气象不在圣人而在我矣。

——《传习录》，答周道通书

注释

〔1〕妍媸，美和丑。妍，指美丽；媸，指丑陋。指美丽和丑陋或美好和丑恶。

译文

学生问，学者要学做工夫，就要认识圣人气象，以此为标准，老实做工夫，才不出错，对不对呢？阳明说，这种话以前有人说过，但还是缺少了根本。圣人气象是圣人的，我从哪里认出呢？若不是从自己的良知上去体认，那就没有标准了。像无星之称，未开之镜，是没有功用的，肯定要以小人之心度君子之腹了。圣人气象怎么认呢？就从自己，我的良知跟圣人一样，自己的是非对错一依良知而行，圣人气象就不在圣人那边，而是在我的认知中了，这就是头脑关键之处。

┃解析┃

这一条讲学习圣人气象只在自己。

学生问，要做工夫，要认得圣人气象，然后实地去做，是否？王阳明的回答，圣人气象要看自己。此说，必须仔细疏解。学生讲的圣人气象，固然是圣人行谊，当然也是圣人心法，"服尧之服言尧之言"，这不也是学圣人气象吗？所以王阳明是不能反对此说的。但他更下注解，指出关键，关键在于自己的良知，因为观圣人气象以后就是自己要去做，做的时候就凭自己的良知，没有提起良知，圣人的行为也看不明白，若尚有小人之心，甚至以之度君子之腹，则圣人之行也会被解读为小人之行了。所以学做圣人，就是自己做，本来自己的良知就与圣人全同，所以当然要从自己做起，这就是孟子所说的圣人知我心与之同然，圣人之心即我之心，所以，观圣人气象，即是提起自我的良知，方能知晓。因此就是引了程颐的话，要有圣人的聪明睿智，要自己心通于道。

王阳明之注解，并不能说是否定了学生的观圣人气象之说，只是落实了真正观圣人气象的做法，永远是自己提起良知。所以王阳明说的是如何做工夫，学生说的是做人的方向。无有冲突。做人的方向要观圣人，观圣人之后要自己做圣人，就要观自己，观自己心中的善良种子是否发露，自己所观不明，自己就成不了圣人。王阳明都是在说自己要成了圣人，这就是阳明心学的模式，自己做。

脚踏实地　实事求是

问："叔孙武叔毁仲尼〔1〕，大圣人如何犹不免于毁谤？"先生曰："毁谤自外来的，虽圣人如何免得？人只贵于自修，若自己实实落落是个圣贤，纵然人都毁他，也说他不着；却若浮云揜日，如何损得日的光明。若自己是个象恭色庄、不坚不介的〔2〕，纵然没一个人说他，他的恶慝终须一日发露。所以孟子说'有求全之毁，有不虞之誉。'毁誉在外的，安能避得，只要自修何如尔。"

——《传习录》，门人黄省曾录

注释

〔1〕叔孙武叔毁仲尼，《论语·子张第十九》，叔孙武叔毁仲尼。子贡曰："无以为也，仲尼不可毁也。他人之贤者，丘陵也，犹可踰也；仲尼，日月也，无得而踰焉。人虽欲自绝，其何伤于日月乎？多见其不知量也！"

〔2〕若自己是个象恭色庄、不坚不介的，他的恭敬和庄重都只是表面上装一装的，外表形象恭敬，脸上神色庄重，但是内心不坚定不耿介。

译文

学生问，《论语》里讲到叔孙武叔毁谤孔子，圣人为何不能免于他人的毁谤呢？阳明说，毁谤是外人给的，圣人哪能免掉？做人重在自我要求，自己如果实实在在是个圣贤，就算别人都毁谤他，也说不了他什么，就像浮云虽然遮住太阳，也无法减损太阳的光亮。如果自己只是外表庄重恭敬，不能坚定道德价值，就算没人说他的坏话，他隐匿的恶行终究也会被暴露的。所以孟子说，有人求全却遭毁谤，有人无为却得赞誉，所以这些毁誉都是外在的，谁也避不开，你只要管好自己的行为就好了。

┃解析┃

这一条讲圣人也不能免于被毁谤。

学生问为何圣人犹不免于遭人毁谤？阳明说毁谤自外来，无法免除。但是为什么呢？圣人平治天下，不应该是人人爱戴吗？人人爱戴，此固其然。然而，圣人有平治天下之功，便是天下过去并不平治，过去之所以不平治，必是有小人恶人以为之，圣人既欲平治天下，则那些小人恶人自是要毁谤他的，所以说毁谤是自外来的，这是别人的造业，圣人的志业不在止谤，而是建立事功，因此对毁谤也无须理会，因为也无损于自己的圣人境界。若自己不是真的圣人心性的践履，内心尚有许多虚伪，则终有发露的一天，为众人笑。所以，做圣人，只要自己真实入圣境，才是唯一重要的。任何他人的毁谤，无须关切，也都是无效的。

人活着，是为了追求自己的理想，而不是去对付别人的心态，一个人做出伟大的事业，相关不相关的人都有评价，评价只是一句话，听者却有无穷的情绪，这是不必要的，评价者所说的话自然是评价者自己的事情，反映他的格局，形成他的人生。被评价者完全可以置身事外，当然这是指圣贤般的人格境界者，若非此境界，人家有批评，自应虚心接受。这里说的是像孔子般的圣贤人格。我们平常人，有时候也会做出很好的事情，对社会有益，这时候也会受到毁谤，这就要学圣贤了，不要理会，只管自己本来的任务就好。

第三篇

奋发

《论语》篇通过为何做人就是要会做事？仁政于天下的五个德目；上位者对待人民百姓应有什么样的态度？人为何要懂得自我期许？等方面阐述奋发的重要性。

《人物志》篇通过谈一个人的交友态度为何决定了他能否为国家所大用？聪明的境界等级；开会时如何面面俱到，掌握议题？如何做成有效又切实可行的结论？等角度展现奋发的人格形态。

《菜根谭》通过讲为何面对困难才能成就大事？居官与立业的原则；为何要把自己打造成百炼金刚？为什么人要有接受锻炼的志向？等方面呈现奋发的精神内涵。

《传习录》通过讲致良知就是要在声色货利的事情上落实；做工夫就要朴实用功，私意萌发时如何做工夫？人在忙的时候如何做工夫？做工夫为养亲而业举是否会妨碍求道之学？等角度展现奋发的精神风貌。

5-14：子路有闻，未之能行，唯恐有闻〔1〕。

——《论语·公冶长第五》

注释

〔1〕唯恐有闻，生怕又听闻。有做又解。有用的话，不是听一听就算了，而是要去做，如果还没做好，就怕又听到新的有用的话了。

译文

子路听到了有用处、有智慧的话之后，若是自己还不能践履，他就怕又听到了新的有意义、有价值的话了。

解析

这一条讲子路剑及履及的精神。

孔子的教育，都是人生实践的智慧，学了就是要去做的，很多时候，是要去改正自己的缺点的，因此，在孔子身边读书求学，既是学知识，也是为人处世的学习。既是为人处世的学习，听到了需要改正缺点的话，就要去做，但是，这都是涉及个人个性习气的改正的学问，不是一蹴而就的事情，自己虽然学到了道理，但不一定在心性上就能够做到，因为还有自己的欲望惯性之故，但又知道必须改进，所以内心就在急切之中。因此这句话就说，子路唯恐又听到了自己可以改掉缺点的有智慧话语，其实这也就正是说明了他具备了勇于实践的精神。

要学习一种新的能力，就是养成习惯就不费力了，否则都会半

119

途而废。能够像子路这样知道了就去做的人，就容易养成习惯，然后持之以恒。有哪些事情是知道了就应该要立即去做的呢？就是我们的日常作息、生活习惯、待人接物的态度等。作息不好影响健康，家人对你说了，朋友老师对你说了，你就要有自觉，不要让人家一再而再而三地说。生活习惯不好，影响工作效率，知道了，就要改，因为工作效率是最重要的，人活着就是要把事情办好的。至于待人接物的态度，一旦被指出来，人家觉得这样的态度不好，自己就立刻改进，否则人际关系就变坏了。然而，就是因为这些改变不是一天两天能有效果的，所以子路唯恐有闻。

　　子路的个性就是如此刚毅，我们现代人对于人生智慧的学习也要仿效子路，特别是有关自己缺点改正的事情，难得有人当面点拨提醒，都是我们成长的契机，就要积极把握。

7-2：子曰："默而识之，学而不厌，诲人不倦，何有于我哉?"〔1〕

——《论语·述而第七》

注释

〔1〕一直想，一直学，一直教，所做的都是自己乐意的事情，这就是找到好玩的事情了，不会停下来的。

译文

孔子说，凡事不须多问，自己看着心里就明白了，勤奋学习，从来不会感到厌烦，教导学生，从来不会感到疲倦。以上这三件事，对我来说有什么困难的呢!

解析

这一条讲孔子在学习与教学上的好习惯。

面对眼前各种事情，究竟有何深意？如何而能"默而识之"呢？那必定是自己平时就积极做事，累积丰富的经验，凡事透过自己的观察，已经心中有数，这样时时把所处的情境看清楚，就好做事了。否则人们常常不知道客观情势，事情莽撞地乱做，事也做不好，人也处不好了。

一个人为何能"学而不厌"呢，这是因为他有服务社会的理想，因此就需要有能力，学会了就去做事，事情做好了又有新的事情要做，就又有新的东西要学，主要是想做事的心志不灭，就会学不厌了。

为何人能"诲人不倦"呢？这就是淑世的理想在驱动，希望这个世界好，就必须培养人才，教化他，给他方向、给他价值、给他知识、给他技能，教得越多学得越好，社会越健康越美好，这都是淑世的心在支撑的。

为了社会好，不断地教学；为了教学好，不断地学习，因为学习好，任何事情一看就明白，这就是因为孔子有服务的人生观，而建立起来的生活态度与强大的能力。因为孔子有终极价值观，有中心思想，所以他会一直学，一直教，他就是对社会、国家、民族、天下人的关心。现代人，作为单位主管或学校教师，就应该有孔子所说的这三个态度。

7-21：子曰："三人行，必有我师〔1〕焉。择其善者〔2〕而从之；其不善者而改之。"

——《论语·述而第七》

注释

〔1〕我师，我可以向他学习，当他是我的老师的人。

〔2〕善者，能力强做事好的人。

译文

只要有任何三个人在我身边，就有可以作为我的老师的人。其中行为典范良好的人，我就跟他学习，行为不好的人，我就要求自己不要跟他一样。

解析

这一条是讲跟朋友交往时应有的学习态度。

与朋友交，要看清楚对方的优点和缺点，优点要学，缺点要避免。这就是"默而识之"的做法，这更是"取法乎上"，"无友不如己者"①的意思。很多时候，人们看到他人的劣行，自己就找到借口也来照着做一番，这就是向不好的人学习，自甘下流。在学校，学生们彼此模仿，有不好的行为，大家一窝蜂地去学，老师们若不制止，不好的行为就变成了公众认可的行为，那就难处理了。所以

---

① 参见，《论语·学而第一》：子曰："君子不重则不威，学则不固。主忠信。无友不如己者。过则勿惮改。"又《论语·子罕第九》：子曰："主忠信。无友不如己者。过则勿惮改。"

脚踏实地　实事求是

老师要告诉学生，要学同学的优点，不要学他们的缺点，这是取法乎上，这才是勇者的行为，而不是人家为恶，你不敢不跟着为恶，否则显得胆小，于是就为恶了，其实，这样做才是胆小的表现，因为你不敢拒绝恶事。真正的勇敢，要敢于拒绝恶事。那么，什么是对的？是优点？什么是错的？是缺点呢？这就要依据良知，这是自己知道的，不是强词夺理可以改变的。利他的就是好的，损人的就不好了，就是这么简单的原则。在善行之中，处事合宜，行为有礼，这就是一个人的优点，我们要学习的典范。

我们在职场上的行为也是有习气的，例如，习惯于诚恳？还是习惯于不诚恳？不习惯于诚恳？还是不习惯于不诚恳？这就是要提醒我们向好的典范学习，不要受到不好的人格的影响。我们在职场上都在观察与适应，但一定要有自己清醒的选择。

9-18：子曰："譬如为山，未成一篑〔1〕，止，吾止也！譬如平地，虽覆一篑，进，吾往也！"

——《论语·子罕第九》

注释

〔1〕篑，竹筐，竹笼。

译文

要做好事业，关键就是立志。就像要堆积出一座山来，就差最后一竹筐的泥土就完成了，但是就是没有堆上去，却停下来了，山毕竟成不了了，这样停下来，还是自己泄气了。若要堆叠成山，就算眼前一无所有，只是一块平地，只要有心，倒上第一筐泥土，之后一直不断倒土，这种前进的精神，也是决定于我们自己。

解析

这一条讲要做大事必须以立志为先。

立志，就一定能够成功，因为，一旦立志，就不怕任何困难，再困难也会去面对它而向它挑战，然后克服困难，一直努力到完成任务才会停下来。所以，一个人把困难的事情做成功了，人家会说他开窍了，会问他窍门在哪里？其实，窍门就在立志上，开窍与立志就是一回事，立志了就会不停止地去做这件事，不计利害、不怕快慢以及别人的眼光，因为这是自己要做的事情，而且是一定要成功的事情，所以只会一直前进到完成为止，因此，所谓的窍门，其实是没有的，有的只是意志力。缺了意志力，就算快要完成了，碰到困难，尤其是巨大的困难，还是会放弃的。所以说"行百里者半九十"，意志不坚者，通常是在最后一段路途中放弃了努力的，因为越到最后，人际的纠纷就越强烈，因为人家见不得你好的抗拒力就越强大，而你的意志力的考验就达到了最激烈的高峰，成功的关键就是心的力量，未成一篑而放弃了，也是自己放弃的。

年轻人在社会上做事，怕吃苦，容易放弃，读了这一条，就该知道，玩乐不是人生的目的，沉住气，忍住寂寞，独自干活，才会有充满了自信的人生。

15-31：子曰："君子谋道不谋食。耕也，馁〔1〕在其中矣；学也，禄在其中矣。君子忧道不忧贫。"

——《论语·卫灵公》

▍注释▍

〔1〕馁，贫困、饥饿。

▍译文▍

孔子说，君子追求为社会服务的理想，而不一味地只知道赚钱。否则，就算是耕田，也会因为天灾而没有收获，导致冻馁其间。不如好好学习政事，有机会从政时，俸禄自在其中。君子要担忧的是理想能否实现，而不是自己是否没钱。

▍解析▍

这一条讲君子要先重视自己的人生目标。

君子是有理想的人，前提是先做一个有能力的人，能够领导众人的人。一般人关心自己的生活，君子则关心大众的生活。为什么要关心大众的生活呢？在孔子的时代，早已是邦国林立、城市发达、人口密集的时代，这一切的社会体制已经是实质地存在，没有退路了，再加上国与国之间有土地兼并的战争，若是没有爱护人民的君子之人出来做事，百姓在社会压迫及战乱洗礼之下，困苦可知。孔子及其弟子，就是看到社会的不理想现状，担忧百姓的困苦处境，深思有以改善之。而这个忧虑，甚于对自己的个人生活温饱的挂心，所以说是"忧道不忧贫"。此时，见识短浅之人，必会质

脚踏实地 实事求是

疑，不顾自己的生活，只管别人的生活，是不是太愚昧了。孔子这一条，就是在回应这个问题。如果单从生活温饱来说，就算努力耕田，不说天灾了，仅仅因为人谋不臧、官员腐败，耕种者就有可能冻馁田间。所以，必须要有好的政治，百姓才能过上好日子，而这就是有理想的君子的责任。

那么，谁才是君子呢？只要有对社会的关心的人，就可以是君子，至于体制内的编制人员，那就直接必须是君子了。例如教师、警察，能不是君子吗？不能。所以就好好做君子吧，这样的人生就是谋道、忧道。谋道、忧道就是希望社会好，追求意义而不是个人利益。你可以问，个人利益完全不必要追求吗？是要追求的，但不是我们在社会上做事情的最高终极目标，目标只能是把事情做好，谋求社会的进步。承平时期，体制建设正常，从政者，自然能够有俸禄而照顾好家人，所以"学也禄在其中"。如若是在战乱残败的时代，则再怎么英雄豪杰性格的人，还是必须先顾好家人的温饱，才有可能为国家社会尽忠，但那样的时候再要照顾家人，艰苦可知，甚至不能如愿，而有种种悲剧。所以，正人君子者，承平时期就要万分努力，不使社会腐败倒退到战乱时期，所以在工作上就是一刻也松懈不得，诚意慎独，自我要求，脚踏实地，实事求是，以保证社会的和谐繁荣。

1-14：子曰："君子食无求饱，居无求安，敏于事而慎于言，就有道而正〔1〕焉，可谓好学也已。"

——《论语·学而第一》

注释

〔1〕正，端正自己。

译文

孔子说，君子认真服务，不求自己的吃要吃得好，不求自己的住要住得好。勤劳认真有效率地做事，讲话谨慎，亲近有德者，以他为典范端正自己，这才是好学的榜样。

解析

这一条讲君子好学的真谛。

孔子教学生，弟子学政事，从政的目的就是为了让社会更好，而不是自己得俸禄，更不是追求荣华富贵，至于日常生活，以简单朴素为原则，所以说"食无求饱，居无求安"，不是不吃饱、不住好，而是不把重要的力气放在这件事情上面，君子关心事情做得好，是为了社会变好，那就要勤劳积极有效率地办事情，主动认真用心地做事情，这是"敏于事"，至于与人的互动，要注意讲话的方式，不要让傲慢的心在讲话时流露出去，这样再怎么谨慎做事，效果也不见了，这就是"慎于言"。然后关心自己能学到更好的能力，向有德者学习，以为典范端正自己，这就是"就有道而正焉"。君子必须好学，君子之学，学就是做，君子就是一直在做事的人。

为什么？因为他是一个有理想的人，他关心社会，既然一心想的是让社会变好，自己的生活照顾就不是重点了。

现代人做事，当然首先是考虑照顾好自己的生活，但是事情的本身更重要，要了解在职场上做的什么事情，对单位、对社会的意义是什么，看清楚了这个意义，追求这个价值，这才是在社会上做事的目的，有这样的态度，人会有成就感、有价值感、有自信心，不只获得温饱，更获得人生的意义。

2-4：子曰："吾十有五而志于学；三十而立；四十而不惑；五十而知天命〔1〕；六十而耳顺；七十而从心所欲，不逾矩。"

——《论语·为政第二》

注释

〔1〕天命，是自我认定的上天的指定，只有自己可以做得好的事情，一个人若是不努力，没有过人的能力，那么到五十岁时也不会有他的天命了。有天命的人就是知道自己该做什么的人。

译文

孔子说，我十五岁就立志向学，三十岁我就能在岗位上独当一面，四十岁对任何事情的是非对错再也没有疑惑了，五十岁知道了从今往后我能做的最重要的事情是什么，六十岁自在地活着，不管别人如何说我，都不会受到影响，七十岁时则不论做什么事情，都不会有过失了。

解析

这一条是孔子为君子规划的人生成长阶梯。

在《论语》的所有句子中，这一条是少数绝对重要、绝对关键、绝对有巨大影响力的一条。因为孔子依据自己成长的经历，把人生的历程，规划好了成长的标准，十五岁立志勤学，三十岁专业建立，四十岁无惑于利害得失，五十岁确定终生的目标，六十岁随顺人间地活着，七十岁达到圣人境界。人要三十望四，四十望五，五十望六，六十望七，这就是一步步成长的目标。十五岁"志于学"，少年成长为青少年，再迈向青年阶段，对自己的人生有所期许，那就要有良好的学识能力，古人之所学，主要就是学从政，成为管理者族群，孔子之所学，就是《诗》《书》《易》《礼》《乐》《春秋》，这些都是管理国家的智慧宝典，学了这些，自然走向服务社会报效国家之路。"三十而立"是指能在自己的岗位上独立完成任务，这当然是学有所成，并且有承担责任的气魄。"不惑"，四十岁是对于任务的做法，在手段与目标之间没有任何疑惑了，如果此时还是做事患得患失，那就是没有明确的价值观，还是个不懂事的少年而不是成年人了。当人们努力了半辈子，有了无可逆转不能改变的经验、资历与资源之后，接下来的人生就有了自己唯一可做、而无人可以替代的角色任务了，这就是"五十而知天命"，倘若一个人不够努力，没有蓄积能力与资源，那么到五十岁的时候，人生就要进入退休时期了，而不能继续对社会做出巨大的贡献，所以有天命的人，必然是有实力更有理想的人。六十岁的人，对自己都是清清楚楚的，别人不了解而随意批评，自己的心情也不会受到波动，因为他的生命已经自我圆满了，这就是"六十而耳顺"，人到六十岁，还计较别人的讲话口气，那就是对自己的信心不足，也正是说明自己的努力不足，所以才会受到他人评语的影响的。对古人而言，人生七十古来稀，人到此刻，对于像孔子这样终生努力的人而言，他已经达到圣人之境界了，任何事情都是从中而发，自然流露，臻至完美，所以是"不逾矩"的境界。

这一条，给了我们每一个人一个自我衡量的标准，也提供了个人成长的目标，可以说是所有读圣贤书的人的生命准则。就现代人而言，什么年龄该有的状态都是晚了近十岁，当然寿命也延长了近二十岁，所以晚一点达到孔子的标准也是无妨的，重点是一直有所成长就对了。

6-4：子谓仲弓〔1〕曰："犁牛之子，骍且角，虽欲勿用，山川其舍诸?"

——《论语·雍也第六》

注释

〔1〕冉雍，名仲弓。兄为冉耕，冉伯牛。弟为冉求，字子有。兄弟三人都是孔子的弟子，而且都很优秀。

译文

孔子跟弟子仲弓说，祭祀只用纯色的牛，不用杂色的。但是，杂色的牛所生的小牛，只要它自己的颜色是单一纯色的，而且牛角长得又正又直的，主祭单位虽然没想要用它祭天，难道上天会舍弃它，而不给它机会吗?

解析

这一条讲人要懂得自我期许。

祭祀的牛要长得端正纯色，才会被选中。如果是杂色的牛，那是没有机会的，但是，若杂色的牛所生之子，色纯，且牛角正，它也是有资格担任祭祀的牛的。虽然人们不会去杂色的牛群中找祭祀的牛，但这头小牛的价值是无可否认的。

这一条的主旨，不只是在谈祭祀的牲品，而是引申而谈人才的自我要求。重点是讲人要有自我期许，而不必抱怨出身。历史上，出身低微而成就巨大的人物太多太多了，所以，英雄不怕出身低。关键是，历史的巨轮不断滚动，社会的变化每日一新，任何人只要

脚踏实地　实事求是

133

努力都会找到自己的舞台，有舞台有角色事情做得好，人就长自信了，就是一个有用的人了。今天这个时代，社会变迁快速，行业不断翻新，只要肯努力，不必去竞争旧有的职位，勇于创新，敢于投资，愿意争取，就会有自己的出路。否则，一味抱怨父母国家社会不好，自己不肯努力，就谈不上是一个品格好的人了。这一条，是所有青年人最应该认同的一句话。

笔者于高中时期读到课本上的这句话时，就深深爱上这句话了。任何人，只要了解自己的兴趣爱好，寻找到自己可能的出路，然后终生努力，就一定可以大有所为的。这一句话，可以作为所有青年朋友的座右铭，自我期许，然后好好培养自己成才。

15-32：子曰：知及之，仁不能守之，虽得之，必失之。知及之，仁能守之，不庄以莅之〔1〕，则民不敬。知及之，仁能守之，庄以莅之，动之不以礼，未善也。

——《论语·卫灵公第十五》

注释

〔1〕不庄以莅之，不能端庄稳重地面对百姓部属。

译文

孔子说，知识能力够得上这个职位，但是没有以仁德的胸怀来做事，事情一定做不到位，于是虽然得到了位子，很快就会再度失去这个位子。有能力就位，有仁德之心以处事，但是在待人的态度上却不端庄稳重，那么百姓不会尊敬你的。有能力有德性又态度好之后，如果指挥百姓的时候态度无礼傲慢，这样也不完美了。

解析

这一条讲在上位者对待百姓应有的态度。

一个人要站上高层，成为管理阶层，这肯定是要有过人的能力，这就包括处理事情的知识、面对事物的胸怀、面对百姓的态度、指挥百姓的礼貌等，四者备齐才是圆满。此处，知识能力是第一关，不可忽视，要有能力才使他能有官位，但是，有官位就是要服务百姓，若是没有服务的仁德之心，则事情办不好，最后位子也会丢掉。做官就要关心百姓，事情是为百姓而做的，做的时候，肯定态度会很庄重，因为自己是认真对待这件事情的。若不庄重，百姓就不尊敬，那么事情也办不好了。所以，以仁德之心服务百姓而做的官，必定在面对百姓的时候，态度是端庄有礼的。这种面对，还可以说是公开场合的公共行为，容易记得要注重形象。至于面对面下指令的时候，也就是以长官身份指挥部属的时候，也是要注意礼貌，尊重每一个人，不论是单位部属还是百姓，否则就不圆满了，显得急功近利，态度焦躁傲慢了。这样就算是自己庄重，却待民无礼，则不完美。

治理国家，要提出政策，带领众人，宜有原则。"知及之"是理解正确，"仁守之"是关心百姓而去做事，"莅庄之"是注重自己的对外形象，"动礼之"是对人提要求时能待之有礼，虽然是在服务别人，但是此时更加地需要有礼貌，这才是德性的圆满，也是事功的圆满。

不是做了官就可以对人颐指气使，现代人做官，成了领导，要更有风范，更有礼貌，这才是有人文素养的人。

17-6：子张〔1〕问仁于孔子。孔子曰："能行五者于天下，为仁矣。""请问之?""恭、宽、信、敏、惠。恭则不悔，宽则得众，信则人任焉，敏则有功，惠则足以使人。"

——《论语·阳货第十七》

注释

〔1〕颛孙师（公元前504—?），复姓颛孙、名师，字子张，春秋时陈国人，孔子的优秀弟子之一。

译文

子张向孔子询问对百姓行仁政的道理，孔子说，对待天下百姓能做到五个要点的人，他就是一个仁者了。子张问哪五点？孔子说，"恭敬、宽厚、诚信、敏捷、恩惠。能对他人恭敬，就不会做出伤害他人而令自己后悔的事情。待属下宽厚，人家就乐意追随你。做事诚信，就更加获得长官的器重。做事敏捷，则事情易于成功。给人恩惠，则交办的事情百姓一定积极从事。"

解析

这一条谈行仁政于天下的五个德目。

儒家思想的首要面貌就是政治哲学，儒家政治哲学的首要面貌就是德治主义，德治主义就是以个人自己的修养，全面指导个人政治工作，以追求良好治国效果的观念原则。子张问仁，就是要询问如何治理地方处理政事，仁是儒家的天道，也是个人的人性，它面向生命世界任何事件，尤其是国家政治，子张与孔子都在治国理念

脚踏实地　实事求是

的讨论氛围中，所以已经默认于此。能为仁者是必须有能力做事的，这里头就把仁的概念创发为恭、宽、信、敏、惠五项。"恭则不悔"，待人恭敬，不致被人侮辱而失去尊贵。人在社会上活动，时常得罪别人，问题不是事情没做好，而是待人不谦和，所以事情当然要好好做，但是态度要恭敬。"宽则得众"，待下属宽厚，则部属拥戴你，为你把事情办好，宽厚就是有同理心，有同理心就是仁德之心的展现。"信则人任焉"，任何任务都守信达成，这样的人必定受到长官的器重，如此才有展现才华的机会，如果之前的事情都没有做好，信誉不佳，如何还受器重呢？"敏则有功"，反应敏捷，把事情做好，建立功业。敏捷是为了事情办好，它需要效率以及精准的才干，这是实践仁德的必要能力。"惠则足以使人"，给人利益，则部属容易听话，然后帮你办好事情。实际上，从政就是为民服务，就是要嘉惠百姓，官员施政嘉惠百姓，结果百姓信赖政府，以后有什么政策都好推动了，则官员施政绩效越来越好，自己也可以平步青云了。

以个人修养做好国家事务，这就是德治主义的精神，这就是要诚恳认真、激励奋发，则一切顺利成功。

13-5：子曰："诵诗三百，授之以政，不达〔1〕。使于四方，不能专对〔2〕；虽多，亦奚以为？"

——《论语·子路第十三》

注释

〔1〕不达，事情没有办好。

〔2〕专对，独立完成任务。

译文

孔子说，《诗经》三百篇都记诵完了，但交代他办事情，却办不好。交代他出使他国，却不能独自应对。那《诗经》读得再多遍，又有何用？

解析

这一条讲做人就是要会做事才对。

《诗经》这一部书，古代人民吟唱歌谣的总集，反映人心人情，深入学习，可以通晓事理，了解人心，学得好，就能做个处事通情达理、应对人情练达的人物，但《诗经》读了很多遍，却不能把事情做好，这样就等于是白读了。儒者就是要来做事的，读书就是要学做事的，学会办活动，学会谈外交，否则书就没读通，就是白读了。办活动，要目标明确，要掌握资源，要设定流程，要管理干部。办外交，要知己知彼，要了解国君的意愿，要知道国家的实力，要清楚当下的战略，然后处置得当，完成任务。能做好事情的人便是通才，能做国内政事、国际政治的必须是通才，通才都是通

脚踏实地　实事求是

人情的，人情就展现在《诗经》这本书中了。所以，学会了《诗经》就等于学会了做事。

当然，学《易经》学好了也会做事，学《书经》《礼记》《乐经》，学好了也都会做事，孔子读书都是融会贯通的，一旦贯通了，书本上的道理都是用来做事情的，不会做事，而说自己在读书，这对于孔子所学所教的《诗》《书》《易》《礼》《乐》《春秋》而言，就是没学会了。

今天职场上的人，要会做事，也要会读书，两者相得益彰，所以，好好读书，且多读古书。

必也：聪能听序，思能造端，明能见机，辞能辩意，捷能摄失，守能待攻，攻能夺守，夺能易予。兼此八者，然后乃能通于天下之理，通于天下之理，则能通人矣。不能兼有八美，适有一能，则所达者偏，而所有异目矣。[1]

——《人物志·材理第四》[2]

注释

[1] 语出《人物志·材理》："由此论之，谈而定理者眇矣。必也：聪能听序，思能造端，明能见机，辞能辩意，捷能摄失，守能待攻，攻能夺守，夺能易予。兼此八者，然后乃能通于天下之理，通于天下之理，则能通人矣。不能兼有八美，适有一能，则所达者偏，而所有异目矣。是故：聪能听序，谓之名物之材。思能造端，谓之构架之材。明能见机，谓之达识之材。辞能辩意，谓之赡给之材。捷能摄失，谓之权捷之材。守能待攻，谓之持论之材。攻能夺守，谓之推彻之材。夺能易予，谓之贸说之材。"

[2]《人物志·材理第四》的主题，是就各种不同人才，在互相讨论辩议时会有的种种好坏不一的态度，来了解他的才干形态，也就是说，可以从"辩论"时个人的做法态度，来看一个人的能力形态。材理篇可以视作古代官场的会议哲学。

译文

在会议中怎样的人是真的可以全程掌握主场的呢？一听就知道在谈什么问题，能找到主题的能力；一想就能够开创思路，能发明观点的能力；一看就能看到问题的核心，能解决问题的能力；一说就能把道理讲清楚，有言语清楚的能力；若不小心说错了，自己能立刻发觉，有及时改正过失的能力；一旦立论完整之后，就不怕别人攻击，有维护立场的能力；要改变别人立场的时候，能够言之成理，让对方不能不听从己见，有进攻夺取的能力；当对方折服于自己的论点之后，仍能尊重对方，给人面子，有谦虚容人的度量。有这八种沟通表达的能力，则天下事理都能讨论分辨清楚了，既能与人取得共识，又能落实政策，处人与做事两相宜，这样才是最好的沟通讨论之道。否则，只有某种能力，则所能完成的任务只有一小部分而已，因此对他们的美称也各不相同了。

解析

这一条讲开会时如何面面俱到，掌握议题，做成有效又切实可行的结论。

要脚踏实地、实事求是地做事，就是事情要做好，心思要单纯，但是，反应要敏捷，对人性也要透彻。因此，在会议场中，如何表现出上述的才能，就有重要的道理了。关键就是，见事明白，见人明白，事情想好怎么做，但是讲话要注意别人的反应。国家政策要追究，人际关系要讲究，做事就是待人，所以必须有能力说服别人，更要有能力收服人心，让所有的人为我所用，这样才是能成大事的做法。

有能力的人，看事明白，一下找到重点，讲话清晰明了，又能提出解决方案，但这样还不够，还要在说服别人的做法上讲究不得罪人，甚至要招抚别人加入你的团队，成为你的助力，这才是真正实事求是，一心想把事情做好的人的智慧。

职场的能力，不是只有专业的知能，可以做具体的事情。还要有通贯全局的能力，能够决定要做什么事情。就算知道了，还要有沟通大众的口才，说服别人，安顿人心，使得众人愿意接受自己的观点的能力。这样的能力，才是通才之人，才能领导众人。

这种形态的会议，是真正在讨论问题、解决问题的会议，而不是在做权力斗争或推诿塞责的会议，既要掌握事理，也要掌握情理，既要说事明理，也要服人抚众，懂得这种道理，职场上必是领导型的人物。

是故，守业勤学，未必及材；材艺精巧，未必及理；理义辨给，未必及智；智能经事，未必及道；道思玄远，然后乃周。是谓学不及材，材不及理，理不及智，智不及道。道也者，回复变通。〔1〕

—— 《人物志·八观第九》〔2〕

注释

〔1〕语出《人物志·八观第九》："何谓观其聪明，以知所达？夫仁者德之基也，义者德之节也，礼者德之文也，信者德之固也，智者德之帅也。夫智出于明，明之于人，犹昼之待白日，夜之待烛火；其明益盛者，所见及远，及远之明难。是故，守业勤学，未必及材；材艺精巧，未必及理；理意晏给，未必及智；智能经事，未必及道；道思玄远，然后乃周。是谓学不及材，材不及理，理不及智，智不及道。道也者，回复变通。是故，别而论之：各自独行，则仁为胜；合而俱用，则明为将。故以明将仁，则无不怀；以明将义，则无不胜；以明将理，则无不通。然则，苟无聪明，无以能遂。故好声而实不克则恢，好辩而礼不至则烦，好法而思不深则刻，好术而计不足则伪。是故，钧材而好学，明者为师；比力而争，智者为雄；等德而齐，达者称圣，圣之为称，明智之极明也。是故，观其聪明，而所达之材可知也。"

〔2〕《人物志·八观第九》，本篇是教导利用各种行事风格，来验证人物的缺点，以便学会在各种不同的情境中，去品评人物的高下。本篇是人物志最具实战演练的一篇，对人性的种种好坏状态，分析得最为细腻。这是从"做事风格"谈一个人是否是人才。

聪明是人才最后最高的境界，智与道通。通常，人们努力学习，却不一定能把专业学好。专业有了，理论的通达未必及格。就算能讲理论，却未必有做事的智慧。能应变做事，却又不一定能有高远的理想、通权达变的身段、通晓天地的境界。只有达到道的境界，才能观照全局、通权达变、处事治国。是故，有学习的意愿，不一定真能学成专长；有专业的才能，不一定能讲说道理；能讲说道理者，不一定有处事的智慧；有处事的智慧者，不一定能掌握天机的变化、且理想高远。真正掌握天道者，必定是通权达变、轻重缓急、执两用中、发而中节者。

解析

这一条说聪明的境界等级。

《人物志·八观第九》中谈道："何谓观其聪明，以知所达。"聪明是人人所求的，但是聪明是有等级的，从处世的角度，学要学得好，学得好之后还要能教人，还要能在事情的现场完美处理，还要不执着自己做事的模式，因此才能随机应变，不怕环境的重大变化，都能稳住局面站上舞台。一般人常常自我感觉良好，稍微有一点成就就自满了，殊不知人的能力的成长是无止境的，你可以不成长了，但千万不要自满了，因为这样你的境界就下滑了。因为还有更高的人在你的上面宽容你，这样岂不难堪。

《人物志》是职场上高级人才的识人宝典，也是自我培养的智慧法门。这一段文字明白告诉了世人，能力的等级是不封顶的，因此千万不要骄傲自满。也要认识到，只有任何时刻都在自我提升的人，才会是真正健康正常的人，否则都会因为懈怠，而趋向无能，因而自傲且伤害别人，败坏任务。因为当你有了能力，取得权位之后，就带来了责任与期许。若不是继续提升能力，就无法顺利完成

脚踏实地　实事求是

更艰巨的任务，因而不能保持健康的心态。不能继续成长的人就是懈怠了，又为了维护现有的权位，肯定要压制别人，这样人心就变坏了。所以，始终奋发向上，不断成长，才是高级人才的格局。

交游之人，誉不三周，未必信是也。夫实厚之士，交游之间，必每所在肩称；上等援之，下等推之，苟不能周，必有咎毁。故偏上失下，则其终有毁；偏下失上，则其进不杰。故诚能三周，则为国所利，此正直之交也。〔1〕

——《人物志·七谬第十》〔2〕

注释

〔1〕这一条取自《人物志·七谬第十》："一曰察誉有偏颇之谬。""夫采访之要，不在多少。然征质不明者，信耳而不敢信目。故：人以为是，则心随而明之；人以为非，则意转而化之；虽无所嫌，意若不疑。且人察物，亦自有误，爱憎兼之，其情万原；不畅其本，胡可必信。是故，知人者，以目正耳；不知人者，以耳败目。故州闾之士，皆誉皆毁，未可为正也；交游之人，誉不三周，未必信是也。夫实厚之士，交游之间，必每所在肩称；上等援之，下等推之，苟不能周，必有咎毁。故偏上失下，则其终有毁；偏下失上，则其进不杰。故诚能三周，则为国所利，此正直之交也。故皆合而是，亦有违比；皆合而非，或在其中。若有奇异之材，则非众所见。而耳所听采，以多为信，是谬于察誉者也。"

〔2〕《七谬篇》，说明种种错识他人的原因，通常是因为自己的关系，而不容易看清楚的他人的优缺点，本章教导如何避免自己的偏见，而准确地找出别人的优缺点。这是从错识人才的类型，谈人的缺点。

┃译文┃

在社会、国家各个地方任职的人，他做事被赞誉的层面要广，必须上中下都赞美他，才是圆满的做事风格，否则不一定是真正可以信赖的有用的人。这种脚踏实地、实事求是之人，他的交往圈子，一定是走到哪里都能被称赞的。他的上级会拉拔他，他的下级会推举他，如果不是待人圆融面面俱到，就一定会有咎难责备。那些顾好长官却不顾属下的人，最后会因为事情没有人帮忙办好而垮台。那些善待属下却不讨好长官的人，则是得不到被拔擢的机会。所以职场中人，就是要上、中、下三层的人际关系都处理好了，才能为国家所重用，做出福国利民的大事业，这才是真正正直有效的交友之道。

┃解析┃

这一条谈一个人的交友态度决定了他能否为国家所大用。

有用的人一定有人夸奖他，但有人夸奖他的人是否真正有大用，必须看是哪一个层次的人在夸奖他，要成为对国家社会真正有大作用的人才，就必须是受到各层面的人的夸奖肯定才有可能。所以，当一个人被跟他交往的人称誉有加时，不能直接就当真，因为有可能只是场面上不得不说的好话而已。除非是在各种不同的场合，众人都是对他同声赞扬，这才表示赞誉者是真心诚意地肯定此人，否则不一定可以当真。这件事说明，一般人都是在人前说一套，人后说一套。因为有时迫于情势、惧于威权，不得不说好话，其实内心并不认同，因此要听到真心话，并不容易。因此"誉不三周，未必信也"。也就是说，不论是在人前人后，说话评论者对他说的都是真心话，而且都意见一致了，这才是一个真正的好人才。

一个真正笃实的人才，在他的交往过程中，原则上一定是众人皆称赞的。于是他的上级拉拔他，部属也推崇他。若不是他方方面面都能顾好大家的需求及看法，那就一定会在某方面遭受非议。例如：讨得上级欢心，而得罪下级部属或下层百姓，那么最终还是会有祸害。而照顾了下级部属或百姓，却得罪了高层，则官位不长保，或晋升无门，因此也不能获得推荐。所以查访一个人是否是真正的人才，确实是要全方位、各阶层的人的意见都要知道，征询到这样的程度，人家还是认为他很好时，这就一定是真正国家的栋梁、优秀的人才。当然，这种情况不容易发生，所以要多加小心求证。

脚踏实地　实事求是

欲做金精美玉的人品，定从烈火中锻来；

思立掀天揭地的事功，须向薄冰上履过〔1〕。

——《菜根谭》

▎注释▎

〔1〕薄冰上履过，踩过薄冰而不遭灭顶之灾，比喻克服困难，通过考验。

▎译文▎

想要自己拥有精美的人格品质的人，一定是在艰困的环境中接受考验而成就出来的。

希望为社会国家建立伟大事功的人，一定要敢于迎接危险的挑战并且通过它而有的。

▎解析▎

这一条讲人要有接受锻炼的志向。

"金精美玉"是世事看透，处世智慧，人情练达，为人表率，任何时刻、任何场合都能把眼前的事情处理好，让众人心里舒坦，让人际关系平和安适。这样的人，对于人性之善恶必定是认识清楚的，对于人性之理想和欲望也是认识清楚的。因此，他自己也是从善恶分辨、理想贪欲的拉扯中经历过来的，所以说"定从烈火中锻来"。"烈火"就是种种的得失之考验，自己都能过关，才能看透别人。但是，对于没有经历过的人而言，自己是不具备把每件事都处理好的能力，因此就要勇于面对事情，勇于在人际冲突中主动处理，积极协调别人的冲突，努力化解人我的恩怨，真心体贴他人的软弱，能够宽恕别人的过错，也能承认自己的不足，还要克服自己的弱点，积极帮助别人。这样的人，一定就会成为众人之中的核心人物，团体中的最受欢迎者，大家有事都找他说，都找他办，都倚靠他，团体中只要有他在，一定是和谐的，事情有他办，一定是成功的。这样的人，不是才能称得上"金精美玉"吗。

人际关系的世界有太多样态，中国人讲五伦，这是就家庭社会的角色而说的，佛教唯识学看到更多的人际关系的场景，人们都会进入其中，每一个场景有它特定的对待逻辑，有时要弱，有时要强，有时要温，有时要冷，有时要紧，有时要松，自己自在了，任何时刻都能让人自在。但自己身陷其中而思绪纠结、贪欲炽盛之下，就不可能自在了，情绪起伏激烈，这时候就是"烈火"，强烈的情绪在自我焚烧，修炼自己的人，必须懂得浇灭这些"烈火"，同时浇灭众人的"烈火"，让众人自在，不让别人难堪，这就是"人品好"了。

"人品"是要在人群中作用的才叫"人品"，人群是险恶动荡的，人性是善恶忠奸的，有勇敢的心，敢于面对它，处理它，美化它，让人群变美，这就是"金精美玉的人品"。

"掀天揭地的事功"是什么？就是能够改善众人的生活的事业，而不是自己考试第一名，自己股票赚大钱。这些是福气，不是事功。是事功的事情，就不是一个人、一本书、一首歌、一趟拳、一张琴能打得下来的事情，而是需要众人的配合、参与、协助、共同努力才干得下来的事业。但事情的艰困尚且不止此，之所以需要改善众人的生活，就是因为众人的境遇不好，众人之所以境遇不好，就是因为有人在宰制，在做损人利己的事情，因此你要改善它，就是要冲撞它，既要冲撞它，危险是必然的，所以才说"须向薄冰上履过"，"薄冰"就是踩下去一个不好就会摔进去，人际关系的危险就是稍一处理不好就会引人怀恨，从而伤害你。这些危险看在眼里，那还要不要做事呢？要的。所以才说是"掀天揭地的事功"啊。天地就是社会的一大网罗，权臣小人肆虐的空间，想要改善它而追求众人的福祉，那就必然是要去冲撞了。当然，方法技巧可以讲究，《老子》就指出这些技巧的重点在让利，法家就说出许多的"术"，这些都能让人趋吉避凶，但是，凶险还是必然存在的，要有智慧，但更需要勇气，要敢于挑战艰难，承受灾难的风险，不敢跳进去的话，什么也改变不了。

　　事功不是别人抬轿抬出来的，必须是自己动手操作才成就得了的。自己不敢犯难，都要别人犯难，别人用心不同，结果就不会跟你想要的一样，一件可以完成的事情在别人操作下很可能变样了，不肯亲力亲为，懈怠畏惧，是成就不了改变社会掀天揭地的事功的。

横逆困穷，是锻炼豪杰的一副炉锤。

能受其锻炼者，则身心交益〔1〕，不受其锻炼者，则身心交困〔2〕。

—— 《菜根谭》

注释

〔1〕身心交益，身心能力都得到升华。

〔2〕身心交困，身心俱疲，没有斗志，沮丧过日。

译文

别人对你设下障碍，让你面对困难与贫穷，但是这些事情，却正好是使你能力强大，成为英雄豪杰的最佳训练场。

在艰难中愿意接受锻炼勇往直前的人，他的身心能力必定获得提升。若是不愿意被锻炼，而想逃避，整个人就会陷在萎靡的状态，导致身心受困，人生没有未来。

解析

这一条讲豪杰是怎么锻炼出来的。

当你准备好为社会所用时，却碰到非常艰困的环境，让你畏惧不前，此时，你要明白，不要怕难，越难的事情就越能锻炼能力，努力把它做好，成长的幅度就越大。如果事情很轻松就达成了，反而会使自己掉以轻心，既没有学习到本事，锻炼到意志，甚至还荒废了技能。所以"横逆困穷是锻炼豪杰的一副炉锤"。我们要乐于接受锻炼，因为"受其锻炼则身心交益"，把它承担下来，自己

脚踏实地 实事求是

的身体、心理的能力都会获得提升，反之，"不受其锻炼则身心交损"，因为眼前的任务你逃掉了，自己心中有愧，眼前的事情做不好，落空了，自己心情不好，以后也更不敢承担事情了，相对于别人的成功而言，你的能力又被比下去了，心中处于羞愧、愤怒、逃避的状态，岂不是身心交损了。

做人，能力才是最根本的，能力是人们一生经历应变的依据，也是我们盖棺论定的最后结论，所以人的一生都要用力在能力的提升上。只要有机会做更多的事情、更难的事情，就是锻炼能力最好的时候，不要推辞，要接受锻炼，所以是锻炼豪杰的锤炉。关键就是，你是豪杰，所以碰到的事情必定比较艰难，就是因为任务艰难，小人都跑光了，所以才轮到你来承担，否则你也未必有机会来做这件大事。一旦你勇于承担，你就是顶天立地的豪杰，承担社会国家责任的台柱，把握这个机会，好好努力，大显身手，然后你的身心、能力就都会得到提升。如果你只是一个小人物，或只想做一个小人物，那么给你的任务也只能是很简单的了，既然是简单的任务，你也就没有什么能锻炼的了，能力自然不可能快速提升。

人们时常抱怨机会不给你，问题是，机会为什么要落到你身上？你不偷不抢不贿赂不哈腰不赔笑不讨喜不陪玩，机会为什么会落到你身上？如果所有你能做的事情别人也都能做到，那么为什么是你拿到做事的机会呢？除非，你能做的事情是别人不能做到的，这样你才会有机会。尽管你不偷不抢不贿赂不哈腰不赔笑不讨喜不陪玩，工作的机会还是跑不掉，那就是因为，你的意志力比别人强，你有能力也愿意接艰困的任务，所以机会降临到你身上，因为没有别人能做这件事情了。你如何可能这么强呢？因为你不畏艰难，又一直学习，甚至在没有任务的时候你还在学习，你也就能够接受越来越艰难的任务了。既然机会出现，而天下无人能做，自然就是你来做了。这一切，都是因为你愿意做艰难的事情。

磨砺当如百炼之金，急就者非涵养；

施为欲试千钧之弩〔1〕，轻发者无宏功。

——《菜根谭》

注释

〔1〕千钧，三十斤是为一钧，千钧就有三万斤。弩（nǔ）是古代一种用机械发射的机械弓。

译文

自我锻炼时要能坚忍，把自己当成在冶炼金刚，时间要久，火候要足，否则涵养之功不会彻底。

服务社会时要有理想，就像在射出巨大的弩箭，基础要稳，力道要强，否则所做之事没有功效。

解析

这一条在讲要把自己打造成百炼金刚。

人如果要培养自己，就要把自己培养成才，而且是大才。大才者才真正能够承担大事，承担大事，对社会有用，这是所有有理想的人的共同道路。

然而，就在学习的道路上，人人都有表现的欲望，有站上舞台的欲望，上台是可以的，但是如果你能做的事情不够多，考虑的层面不够广，表现就不一定好了，如果还被一些利益所吸引，那你这个人就停留在原地了。结果，对社会能有的贡献也就很一般了。

能力一般的人是很多的，无以计数的，才华出众的人是很少的，不易遇到的。但是一位才华出众的人，可以领导无数能力一般的人，偕同大家创造有益于社会的价值，因此，能力出众是重要的。

能力如何出众呢？"磨砺当如百炼之金""施为欲试千钧之弩"，那就是对自己要不断地要求，一直学习，不停付出，努力成长，而绝不轻易享受荣誉、享受头衔、享用资源、接受感谢，而是一直在第一线做艰苦的事业，但结果就是能力屡获提升，所承担的事情越来越重大，影响的层面越来越广大，这样自己就又更不愿意停下来休息，绝对不会进入松懈的状态，他将永远保持旺盛的战斗力，一直做事做个不停，一直到老到死为止了，因而其成就也就无可限量了。

一个人如何判断他已经进入懈怠的状态了呢？那就是当他开始维护自己的既得利益的时候，就是他开始懈怠了，人在维护既得利益的状态下，是很容易发怒的，发怒是因为别人不能遂了他的意欲，就发怒了。这时候他也是很容易懈怠的，懈怠就不愿意改变做法，他会固执地使用旧有的做事方式，这些都说明了这个人已经停止成长了。如果他仍是站在高位上的人物，他就会变成阻碍别人发展的小人，这一切都是因为他已经停止成长了，他已经进入享乐的状态了，这样的人，对社会的贡献就变小了，严重者，甚至会阻碍社会的发展。所以说："急就者非涵养""轻发者无宏功"不是不可"就"、不可"发"，而是"就"了还要再学习，"发"了还要再成长，不是简单地停留在原地。人会停滞不前，就是享乐之心所造成的，享乐之心和追求理想是有冲突的，理想不高的人，稍有成果就开始享乐，这样的人不能成为大才，只是一般的人而已。

然而，理想如何获得？它究竟是天生的还是教育的结果？是否天生无法证实，但教育绝对是必需的。所以，人都要教育自己，要有理想，理想还要定得高，自己才会一直成长，对社会才会有大用，而不会成为阻碍社会进步的小人。

读书不见圣贤，为铅椠佣[1]；居官不爱子民，为衣冠盗[2]；讲学不尚躬行，如口头禅；立业不重成德，如眼前花[3]。

——《菜根谭》

注释

[1] 铅椠佣，印刷厂检字的工人。

[2] 衣冠盗，穿了不该穿的衣服的盗贼，虚假的人物。

[3] 眼前花，花开了就要谢了，不会持久。

译文

光知道读书却不思索书中圣贤话语的道理，那就变成只是印刷工厂的工人而已，只管捡字不管理论。

光知道自己做官，享受官威，做事情的时候却不爱护百姓，那么就是对不起他的这身官服，成了偷衣贼。

光讲课给学生听课，自己却不去实践书中的道理，那么经典中的话语，就只是变成口头禅了，嘴上说说，却没有实际的意义。

在社会上做事业，只求成功赚钱，却不顾是非道德，做事不择手段，损人利己，那么这样的事业没有人会感谢，没有人会赞美怀念，很快就会销声匿迹，烟消雾散，不留痕迹。

解析

这一条讲居官与立业的原则。

"读书"时要体贴书中所讲的圣贤的心思，而不是看过了、知道了就算了，体贴就是要去做，落实书上的道理，否则只是搞印刷，搞打印，搞照相，不是真的"读书"，所以说"读书不见圣贤，为铅椠佣"，"铅椠佣"说的就是印刷工人，对于自己印出来的书本，完全不关心里面的意思。

"居官"就是为众人之长，既是众人之长，就得照顾众人，而不是自己享受津贴、产业，以及官架子，这一身官服是来为社会国家服务的，也就是来为百姓服务的，若是"不爱子民"，岂不等于偷了衣服穿的人，所以说"居官不爱子民，为衣冠盗"。

书读好了就"讲学"，既然是读圣贤书，那当然就是讲圣贤话，道理讲给别人听，自己却不做，那么讲了就等于没入心，嘴边晃了就过去了，像"口头禅"，没有意义的声音而已，所以说"讲学不尚躬行，如口头禅"。

做事情就是做对大家有益的事情，这样就叫做"立业"。但做事情的时候，要注意一起做事的人的感受，不是只是事情做到了而已，而是善待一起做事的人和被事情影响到的人，那就是对相关的人都有真正的关心，能对别人关心就是自己有了德行，自己"成德"了，人都是在做事情中"成德"的，没有德性的人就是对人不关心的人，只关心自己的事情做完而已，这样你的事业也没啥意思了，事情是办了，但是周围的人对你是摇头的，所以你的事情人家也不领情了，效果也就谈不上了，所以说"立业不重成德，如眼前花"。

非盘根错节，何以别攻木之利器；

非贯石饮羽〔1〕，何以明射虎之精诚；

非颠沛横逆，何以验操守之坚定。

——《菜根谭》

注释

〔1〕贯石饮羽，射箭的时候，力道强劲，箭入石中，连箭尾上的羽毛，都插进去了。

译文

匠人伐树，若不是树根交错缠绕难以砍伐净尽，那又如何能分辨手中这些刀斧的锋利。

箭手射箭，若不是一箭射入石壁中，连箭羽都没入，又何以看出箭手射杀老虎时的坚定精神。

君子做人处事，若不是困难重重，阻碍连连，而绝不退缩，又怎么看得出他的操守之坚定。

解析

这一条讲面对困难才能成就大事。

有理想的人是要做大事业的人，做大事业，就必须有非凡的能耐，坚毅的志节，雷打不动的定力。这样的人，面对的都是难的事情。事情不难，无法区分他和一般人的不同，事情不难，无法改变周遭的环境，事情不难，无法完成目标。就是要面对困难，才能成就胸中无穷的理想。而所谓的理想，就是要让社会变得更好，这就是"求道"，也就是"修行"。

木匠雕刻，手上木头的材质却纹理复杂，心中构想好造型之后，若想完成作品，必须解决太多的阻碍，理出更多的线索，如果不是手握利器，拥有一把好使的雕刻刀，又怎么能够把木头雕好，成为理想的物品呢？上山攻坚，劈树开路，需要一把好斧头，如果树丛太密，根茎缠绕太紧，就非得要更为锋利的斧头，否则不足以树倒路开。当任务一一完成，正好验证斧头、刻刀的锋利。所以说"非盘根错节，何以别攻木之利器"。但是，刻刀、斧头是如何锋利起来的呢？当然是平日的保养，时刻地打磨，而锋利起来的。这就像一个人平日勤奋于学习、锻炼，有事时才能够真正大展身手。

人要除害，必须一举成功，否则必遭反噬。好比上山猎虎，以箭射之，必满弓张臂，一箭射出，力道万钧，猛兽毙命，就算是射到岩石上，也是一箭射入，连箭羽都射进了岩石，这样的力道，以之射虎，岂有失手之虞？哪能让猛兽再度暴起伤人？所以说"非贯石饮羽，何以明射虎之精诚"。表示这是一次都不能失手的硬活。但人如何能够"贯石饮羽"呢？这还不是平日从不懈怠，勤于练习，才能练就的臂力。

人要服务，就是要给，不计利益，也不计名声，不怕辛苦，否则一遇挫折，就打退堂鼓，这就不是强者的表现了。当然，在付出的时候，肯定要遭受种种挫折，因为所谓的理想，就是要让社会变好，但是一个不好的社会之所以形成，就是有许多恶人恶事在持续进行，你要改善社会，这些既得利益集团，岂能让你轻松得逞？一定是不断找你麻烦，要么在公事上给你吃苦头，要么在私事上对你个人不利，"颠沛"就是环境上让你吃苦头，"横逆"就是意气上让你受遭殃，但你是意志坚定地要为社会除害，所以你都能够挺得过去，于是验证了你的坚毅志节。这就是"非颠沛横逆，何以验操守之坚贞"。你若不是理想心切，若不是有与众人的一体之仁，你如何能够遭受颠沛、横逆而不退缩呢？这才说明了你"操守之坚定"。

做公众的事情，就是不生气，不骂人，事情自己做，功劳随人享，辛苦来了也不怕，麻烦来了笑一笑，只有事业的本身，没有自己的利害。事实上，社会上的好事，不如此的话，通常是完成不了的，这就是说明了主事者的"操守之坚定"。

所以，嘴上说的工夫都是假的，嘴上不说的工夫才是真的。事后的喧哗都是假的，事前的努力才是真的。真正承担天下责任的人，平日都在勤奋地练功，事情来了都是一举成功，然后安静地回去继续练功，不浪费时间，天天累积，一路都在办成事情，最终练成绝世武功，同时也完成了心中的大理想。

脚踏实地　实事求是

克己须要扫除廓清〔1〕，一毫不存，方是〔2〕；有一毫在，则众恶相引而来。

——《传习录》，门人陆澄录

注释

〔1〕扫除廓清，扫除内心的私欲杂念。

〔2〕方是，这样做才是对的。

译文

克除自己私欲的工夫，一定要做到把私欲都扫除干净，没有丝毫留存才是，尚有一些留存，各种恶事就都招引进来了。

解析

这一条谈克除己病要做到一毫不存地廓清。

阳明说做工夫要克除己私之病，而且只要是毛病，就要克除了，直至一私不存，完全廓清，否则，一个小毛病又要引来一堆大毛病了。这其实也就说明了，人们的大毛病、小毛病众多，不易一时全扫除，不过，没有特殊情境，一般人是不会为大恶的，而只是平常一些小毛病在犯错，那么，做工夫就是先挑小毛病，不要让它放纵出去，则大毛病自然被收摄住，压着露不出来，虽然念头还有，但就逐渐淡去了，只要不被小恶引动出来，既然小恶会引出大恶，平日就要自己努力做工夫，努力工作就无小恶，大恶也就没有机会跑出来了，所以说努力工作治百病。为了把事情做好，不能被私欲控制，自己就会把所有的小毛病都一时克除，因此，人要热爱做事，才能有机会将毛病克除得一毫不存。小毛病不过就是懒惰、好胜、自私，一步步克除，就是做修养工夫了。

"与其为数顷无源〔1〕之塘水，不若为数尺有源之井水，生意不穷。"时先生在塘边坐，傍有井，故以之喻学云。

——《传习录》，门人陆澄录

| 注释 |

〔1〕只是一潭死水，没有外部注入的水源。

| 译文 |

"需要水时，去找一些水塘的水，不如去找一口井，因为有水源，所以取之不尽。"王阳明坐在水塘边，附近又有水井，就用水塘跟水井作比喻讲了一番话。

| 解析 |

这一条讲做工夫要有内在的动力。

一个池塘，水永远就那么多，如果不是有来源有去处，久了自然干涸掉。一口井，必是有地下水的持续注入，而地下水就是高山雪水的持续流入，或旁边大河大湖的水流进入地下而流入，则井旁的人家就永远世世代代有干净的水喝了，这样的井水自然比塘水有用得多了，虽然眼前池塘大、水井小，但是水井不绝。此旨，谈的就是做工夫的动力，动力就在良知自觉。阳明此说，就是朱熹千古名诗的解释："半亩方塘一鉴开，天光云影共徘徊，问渠哪得清如许，为有源头活水来。"理论上的意义就是，做工夫不是一时兴起，看到什么好事就稍微做一点，而是始终有志向，任何时刻只做好事，时时刻刻做着好事，纯粹、自觉、自力、自律。也是孟子讲的

"盈科而后进"之意。有源之井水，与有源之山水、田水意思都是一样的，重点在有源，从做工夫的角度，此源，就在良知提起。

现代人在社会生存，如何能够一直成长而事业不衰呢？就是要提起良知，立志，自我要求，才不会做事半途而废。

　　我此论学，是无中生有的工夫。诸公须要信得及只是立志。学者一念为善之志，如树之种，但勿助勿忘，只管培植将去，自然日夜滋长，生气日完，枝叶日茂。树初生时，便抽繁枝，亦须刊落〔1〕，然后根干能大；初学时亦然，故立志贵专一。

　　　　　　　　　　　　——《传习录》，门人薛侃录

注释

　　〔1〕刊落，把树枝砍掉，切除。

译文

　　阳明说，我讲学的东西是从我头脑里生出来的，不要本钱的，无中生有的。各位同学要相信一个道理，就是立志。学道的人有专心为善的志向，就像种树，不要去拉拔树枝，也不要忘了浇灌，只要好好培养它，树木自然每天都成长一点点，树的生命力越来越旺盛，枝叶越来越茂密，刚长出小树干时，就算同时生了许多小分枝，也必须要减掉，这样树根树干才能长大成熟，初学求道的人也是这样，所以要立志专心做好一件事情。

解析

　　这一条讲做工夫是由内而生、立志而成的。

　　王阳明又说他的论学是"无中生有的工夫"，无中生有就是创造，不是依赖别的资源，只是自家的意志贯彻下去所做出的事业，勿忘勿助而已。其实学者的事业也是无中生有，自己本来不会的，研究后创造的。学者讲经典也是无中生有，写论文也是无中生有，创造理论都是无中生有，既然是无中生有的，没有本钱的，所以尽量公开吧。

做事业与做学问的增长，首先是自己内在的动力，然后是持续的努力，过程中要注意两件事，一是不要去管做到了多少，只管培养与成长；二是要心无旁骛，不要被外面世界的纷杂给引诱去了，这两点做到，这个人一定是只有成长没有退却的，则其成功必是指日可待。

澄〔1〕尝问象山在人情事变上做工夫之说。先生曰："除了人情事变，则无事矣。喜、怒、哀、乐，非人情乎？自视、听、言、动以至富贵、贫贱、患难、死生，皆事变也。事变亦只在人情里，其要只在'致中和'，'致中和'只在'谨独'。"

——《传习录》，门人陆澄录

注释

〔1〕澄，阳明学生陆澄，在《传习录》上有很多他的提问。

译文

陆澄问老师，南宋陆象山说，做工夫要在人情事变上做，此说有何意旨？王阳明说，一个人求道，就是在人情事变上做工夫，其他就没有什么事了。人做工夫就要处理喜怒哀乐的情感表露是否中节，而这就是人情。人的一天，生活中不断地在视听言动的状态中，人的一生，过程中充满了富贵、贫贱、患难、死生的经历，这些就是事变。而对事变的处置，就在人情的情绪上反应，反应之要点就是《中庸》所说的"致中和"，就是喜怒哀乐的发而中节，而其核心工夫就在慎独之中①。

解析

这一条讲在人情事变上怎么做工夫。

---

① 《中庸》首章："喜怒哀乐之未发，谓之中；发而皆中节，谓之和。中也者，天下之大本也；和也者，天下之达道也。致中和，天地位焉，万物育焉。"

陆象山讲做工夫要在人情事变上做，阳明儒学以工夫论为主，重视社会事功，所以完全肯定此说。人情事变就是要寻思怎么待人？怎么做事？事变中关键是人情，人情中关键是是非，是非中关键是良知要提起，眼前事当下事，日常生活小节处，时间的分配，言语的出入，情绪的控管，自身的处境，都是良知去主导的。此处使用《中庸》的"致中和"，就是喜怒哀乐的情绪控管好，待人处事的厚薄轻重考虑好，情绪发而皆中节，关键就是自己的心态要持住，所以要谨独。读书的目的就是去做事，做事就是做工夫，就是在待人处事上用良知守住。阳明之学尽在此处。

　　一般人在职场上做事，并没有多想自己是在干吗，只是图个温饱，最好能有富贵。但是有理想的人就不同了，他在社会上做事，是希望社会变好，希望自己是个有用的人，所以就要做工夫，做工夫就是做事不只是做事，而是要修养自己，使自己品格良好，其结果就是让社会更好，这才是人才，才是对社会有用的人。这样的人为了成长，就会在自己日常生活时时刻刻念念虑虑中，反省考察自己的想法，控制管理自己的情绪，把事做好，人也有修养了。

> 或问为学以亲故，不免业举〔1〕之累。先生曰："以亲之故而业举为累于学，则治田以养其亲者，亦有累于学乎？先正〔2〕云：'惟患夺志'，但恐为学之志不真切耳。"
>
> ——《传习录》，门人薛侃录

注释

〔1〕业举，参加科举考试以担任官职。

〔2〕先正，即前人中典范优良者，此处说的是程颐。

译文

学生问求学问道，却会因为有双亲要照顾，免不了必须参加科举考试，便受拖累，这样如何处理？阳明正色指责这番言论。科举入仕受俸禄以养亲就会影响求道之心，那么种田生产粮食以养亲也会影响求道之心啰？阳明引程颐的话："故科举之事。不患妨功，惟患夺志。"所以你的问题只是立志不真切。

解析

这一条讲为养亲而业举是否会妨碍求道之学。

学生问：为了孝养双亲而必须求做官，但是一做官，就妨碍了圣人之学，这个难题如何解决？这个问题的意思是，跟阳明学习就是学做圣人，但为了孝养双亲必须去做官以有俸禄，而做官就没时间学做人了，因此就妨碍了圣学。其实，这个问题问得很不好，问者的内心很是矫揉造作，可以说是问了一个矫情的问题。所以，问问题要小心，你的话题、你的问题就是你的欲望。显然，学生自己的欲望就是在做官，就为做官找个理由，而理由就是为了孝养双亲。一旦做官，就得保官位，又妨碍了圣学，等于是为了孝养双亲而妨碍圣学。阳明的回答，圣人之学，不关乎做什么事业，只关乎立志，立志成长自己，为社会服务。否则，人人都要孝养双亲，有人孝养双亲必须种田，那么种田也妨碍了圣学吗？所以说只是为学之志不真切而已，不是你要种田还是做官养活双亲的问题。

作为王阳明的学生，不管你问什么问题，老师都知道你在想什么，你的心里其实就只是想做官，却拿孝顺父母作为想做官的借口，故意合理化求官的行为，还要为不能做圣功找借口。王阳明也做官，他并没有妨碍圣学，圣学在各行各业都可以做的，"成色分两"说就是在讲圣人人人可为，农夫百工可以为圣人，为官岂不可为？事实上，为官更需要为圣人之学，岂能累了圣学？孔子讲话都是为了讲给弟子如何做官听的，儒学与做官如何割裂得？圣学只是一个服务利他的志向，立志是自己立志，是要去做的，而做什么事情都只有一个目的，没有两个目的，这个目的，就是利他、利社会，这就是圣学。角色不论，士农工商，都可以为圣人之学。

现代人需不需要学圣学呢？这个问题等于是在问现代人需不需要改善社会呢？如果答案是肯定的，那就要学圣学，因为学圣学就等于服务好社会。服务社会是你不管在做哪一行都是在服务社会的，圣学不是人生职场之外的另一件事，而是就是职场中做事的态度方法目标理想，端正心态，服务的人生观，以此谋职入仕，就是圣学。

崇一[1]问："寻常意思多忙，有事固忙，无事亦忙，何也?"先生曰："天地气机，元无一息之停，然有个主宰，故不先不后，不急不缓，虽千变万化，而主宰常定。人得此而生，若主宰定时，与天运一般不息，虽酬酢万变，常是从容自在，所谓'天君泰然，百体从令'。若无主宰，便只是这气奔放，如何不忙!"

—— 《传习录》，门人薛侃录

注释

〔1〕崇一，阳明学生薛侃，传习录中多有他的纪录。

译文

学生问，平日里十分忙碌，有要事时忙，无要事时也有琐碎事在忙，为何如此？阳明说：天地万物气机鼓荡，也是生生不息，但是它必须要有一个主宰，就让各种事情来得都是恰好，不论先后缓急、变化万千，都在这个主宰的指挥之中。包括人类生活，也要由这个主宰而定，一旦定于主宰，就符合天道运作之理，虽然在人群事变中应对进退，自己还是不慌不忙，自由自在，正所谓"有天君悠然在上，四肢百体都听从指挥调度"。

解析

这一条讲人在忙的时候如何做工夫。

学生问，自己平时都很忙，有正事时候忙，没有正事的时候也有很多杂事在忙，为什么会有这么多的杂事在忙呢？王阳明的回答，从天地之气机上说，天地日夜都在运行，现象世界的一切变化都有天道在主宰着，不论春夏秋冬冷热寒暑，甚至风和日丽刮风下雨，都是调节安排的结果。这个天道，也主宰着人类生命、社会事务的发生与进行，所以，人就是要学这个天道的永不止息的运行，无有不忙之时，但无论环境如何，就是自然应对，从容自在。王阳明的意思就是，人一旦立志，以良知为主宰，就没有无事时忙的时候，因为任何时刻都有正事在，不是服务就是学习。一般人无事时是什么状态呢？就是在没有正事、大事、服务社会的事的时候，但为什么忙呢？因为就在聚众喧哗、喝酒伤身、搜集玩好、打牌嬉戏，就是孔子说的"群居终日，言不及义，好行小慧"①的时候，这些事也是忙的，但一点意义也没有。人就是要做事的，有事做就是有服务学习的事情在做，一个志向坚定的人，他的人生必须是忙碌的，但他忙得有主题，且应接不暇，即便不是正在服务，也是正在准备服务，或是安排服务的环境条件，因此不必说是无事之忙，依然是有事之忙，是为有意义的事情在忙。如果没有立志，整天尽做琐事，"便只是这气奔放"，就是依照生命本能地活着，那么耳目口鼻感官之欲望四处奔流，为满足于这些欲望，那他也就很忙了，心之官则思，他就是没有以良知为主宰才过得这般无谓的昏忙日子了。

---

① 《论语·卫灵公第十五》，子曰："群居终日，言不及义，好行小慧，难矣哉！"

有一属官，因久听讲先生之学，曰："此学甚好，只是簿书讼狱〔1〕繁难，不得为学。"先生闻之，曰："我何尝教尔离了簿书讼狱悬空去讲学？尔既有官司之事，便从官司的事上为学，纔〔2〕是真格物。如问一词讼，不可因其应对无状，起个怒心；不可因他言语圆转，生个喜心；不可恶其嘱托，加意治之；不可因其请求，屈意从之；不可因自己事务烦冗，随意苟且断之；不可因旁人谮毁罗织，随人意思处之；这许多意思皆私，只尔自知，须精细省察克治，惟恐此心有一毫偏倚，杜人是非，这便是格物致知。簿书讼狱之闲，无非实学。若离了事物为学，却是着空。"

—— 《传习录》，门人陈九川录

注释

〔1〕簿书讼狱，地方政府所处理的百姓诉讼以及缉捕罪人入狱诸事。

〔2〕纔，就是才。

译文

有一位部属，听阳明讲学甚久，说此学甚好，可是自己日常的文书工作、审案工作太多，没有时间为学。阳明听后说，我没有叫你离开这些工作任务而去求道为学，你有官司要办，就在官司事情上求学，这才是真正的革除物欲。例如问案的时候，不可以因为对方态度不好，你就生气；不能因为他话说得好听就高兴，不能因为他要求多了就故意惩治他，不能因为他低头恳求就顺从了他，不能因为自己很忙就随便乱审，不能因为别人谗言陷害就听人处置，这种种态度就是自私，而且你自己心里明白，那就在这些私意上反省克制，生怕有丝毫的偏差，不能真正分辨人家的是非，这样做就是做了格致的工夫，文书审案都是实实在在的求道为学之事功，求道而离开这些事业，反而是空谈。

解析

这一条谈簿书讼狱时如何做工夫。

也很自然，阳明的学说，不过就是要去做工夫，但整个理论的背景，就是整套的儒学，就是把儒学提起来用，在用上强调学习儒学，所以尽是事功磨炼的心法。学生只是听理论，想把理论搞懂，以为为学是懂理论，但因为公事繁忙，没有时间细细理解，就以为自己不得为学了，因为诸事繁忙，无暇读书听课。王阳明指出，自己的学问就是实践的哲学，事上实践就是学，讼狱断案时就已经是在做工夫了，就在事上落实致良知了，因此断案诉讼一点都不会影响圣学，反而是圣学就在断案诉讼上实践，任何事功都是圣学彰显的管道，就看你是什么领域的事功而已。至于治狱断讼，王阳明讲了许多原则，重点都是大公无私、正心诚意地断案，只要做到，都是实学，也就是圣学了。若不是在事上做工夫，何来圣学呢？儒者就是要做事的，把事情做好就是儒学，所以审理诉讼，就是为学所在之处，圣学就在事功之中。

现代人在社会职场上做事，把事情做好，就是在学君子、做圣人。今人与古人没有两样的。

问："读书所以调摄此心，不可缺的。但读之之时，一种科目意思牵引而来，不知何以免此？"先生曰："只要良知真切，虽做举业，不为心累，总有累，亦易觉克之而已。且如读书时，良知知得强记之心不是，即克去之，有欲速之心不是，即克去之，有夸多斗靡〔1〕之心不是，即克去之；如此亦只是终日与圣贤印对，是个纯乎天理之心。任他读书，亦只是调摄此心而已，何累之有？"

——《传习录》，门人黄直录

｜注释｜

〔1〕夸多斗靡，是人与人间的高下相争，争高争多，较劲奢华，都是俗人俗事而已。

｜译文｜

学生问，读书就是要做心性修养工夫，任何人不能不做此事。但是读书的时候，会想到参加科举的事情，不知道如何免除此心？阳明说，只要良知做主，就算科举做官，心就不会受累，就算利害在前拖累良知，良知也能察觉克服。读书时，良知知道刻意强记是不必要的，就克去此心，发现有不当的欲速之心，就克去，发现夸大好胜之心不对，就克去，这样读书，整天都在跟圣人之心印证，就是调心调到全然是天理上了。你怎么读书，任何时刻就是在调心修心，根本没有拖累之事。

▌解析▐

这一条讲科举致仕不会耽搁圣学。

学生问，读书要培养心志，为圣人之学，但是会容易想到考试中举做官的事情，不知道如何能够免于此念？这个问题是非常无谓的问题，读书学做圣人就是要为天下服务的，科举做官就是为天下人服务的管道，本来正确无误。只是，任何事情都可以有私心介入，科举做官亦是，有此私心存在，只要克服就好了，自己堂堂正正地做官，就算别的官员自私自利，那也正是自己用功之时，所以科举不碍圣学，只有那些不解圣学何意者，会有此一问，那些自私自利的求官利之徒，会有此一问。阳明的工夫心法，就是良知真切，时刻主导，事情如科举考试中举做官，都是良知主导，一旦有私心作祟，自己良知警觉，自去克除，这就是读书的目的，圣学的做法。读圣贤书，与自己的动机做印证，以自己的处事经验勘验文字义理，所以读书就是调理自己的心性，书本上的道理就是服务的人生观，那就去事上磨炼，碰到威胁利诱之时，都以良知勘印，调摄己心。依阳明之意，从来没有做科举就会影响圣学的道理。事实上，就是这位学生只是私意于求官逐利，又知圣学非己之志，自己纠正不了，故有此问。

王阳明心学中教人用心法的工夫，是念念自克的，任何时刻任何念头都是自己知晓的，就自己要去清除克服。这就是心学厉害的地方，也是阳明心学一直盛行的原因，因为要成功，要做天下第一等人，就是任何时刻此心昭昭，此心不灭。

曰："虽蒙开示，奈资质庸下，实难免累。窃闻穷通有命〔1〕，上智之人，恐不屑此。不肖为声利牵缠，甘心为此，徒自苦耳。欲屏弃之，又制于亲，不能舍去，奈何？"先生曰："此事归辞于亲者多矣；其实只是无志。志立得时，良知千事万为只是一事。读书作文，安能累人，人自累于得失耳！"因叹曰："此学不明，不知此处担搁了几多英雄汉！"

—— 《传习录》，门人黄直录

注释

〔1〕穷通有命，穷通有命即不论际遇好坏，背后都是命运。

译文

承上文。学生又说，老师虽然是这么说，但是我才能低下，确实难免会受累。人的资质高下是命中注定的，资质上智的人，他们不屑于科举做官。可是我被名声利益诱惑，甘愿追求，真是自讨苦吃。想舍弃仕途，又因为有双亲要奉养，无法辞去，无可奈何。王阳明说：把不能追求圣学的责任推卸给为了亲人必须做官的人很多，其实只是自己没有真切立志。若能立志，以良知为主宰，做任何事情都只是一件事情，就是服务社会。读书写文章，都不会拖累服务社会这一件事，若是还有所得失，都是自己的私心在拖累的。阳明感叹道：这个道理不明白，使得许多人才都被淹没了。

解析

学生说自己资质不好，难免为科举之累，又说人各有命，又说上智之人不屑科举。不肖者甘心为此，虽知不对，又因为有父母要奉养，不能不入仕为官。学生的这一段话，充满了心机与狡辩。说自己资质不好的人，有的是天资聪颖者之客谦之词，有的是装作学问很大者的虚浮之词，有的是资质平庸者之老实之词。学生这一段谦辞，是狡诈诡辩者的偷渡之词。人的话题就是他的欲望，自责资质低下，却必欲科举，又牵扯为了孝亲。若是现代人的偷渡之词则是，不是不想学经典，但是需要去赚钱。其实，赚钱不妨碍读经典，赚钱时做事认真，童叟无欺，物美价廉，利人利己，就是落实圣贤经典的道理。古人科举，做官，不只不妨碍圣学，根本就是承担天下的道路，绝不是说上智之人不屑于此，不屑是不屑于为求做官而有无耻之举，至于不肖者之甘心，不是甘心于必须做官，而是甘心于争名逐利之仕途，不能为国为民。不肖者之举，当然是圣学要摒除的大病。而这些人又读了圣贤书，知道不该如此，但又不舍名利，就拿奉养双亲当作做官求利的借口，其实几时好好孝养双亲了？像这样的问题，永远逃不了王阳明的法眼，斥责痛骂了一番。做官的人受不了威胁利诱而为己私之事，天下时常如此，但一个人为何抵挡不了威胁利诱呢？都是立志不坚的问题，但却有许多人归咎于是因为要孝养父母亲，所以不能丢了官职，如此一旦为官，便不能抵挡利诱威胁。阳明言，此事非关双亲，非关官职，只是良知不明，若在良知真切下，只有服务的志向与事务，读书作文科举做官都不会违背心志。至于会拖累个人志向的，就只是好名逐利的得失心而已。

一个人做事为公为私，不是他嘴巴上讲什么就是了，别人其实一听就明白了，所以为公为私一定要老老实实自我要求，否则话说得再客气再漂亮，自私者还是自私的，聪明的人一听就明白你了。

一友自叹："私意萌时，分明自心知得，只是不能使他即去。"先生曰："你萌〔1〕时，这一知处便是你的命根，当下即去消磨，便是立命〔2〕工夫。"

——《传习录》

注释

〔1〕萌，萌指的是萌发，萌生，萌芽。这里讲的是一旦生出了贪念邪念恶念之时。

〔2〕命，使命，天命。

译文

有人感叹道：自私的念头出来的时候，自己明明就是知道，却不能立即克服。王阳明说：你当下知道它跑出来的时候，这就是你的良知在作用，这就是你救命的命根，当下就把私意消灭掉，这就是你承受天命完成使命的工夫下手处。

解析

这一条讲私意萌发时如何做工夫。

学生问，私意萌发时虽能知得，却去不得，如何去呢？其实这个知得，就是在良知的作用下所知得的，良知就是知善知恶，所以自己永远心明。阳明回答：就在萌发时，就去去除就好了，每个人的妄念萌发都是太多太多了，但萌发之际也就知道了良心在做了，这就是做工夫时节，尚有何事？所以当下消磨掉，也就当下立命了。

人有私心，人自会知，知道自己正在自私的这个知觉能力，就是良知的力量在作用着的，所以人贵自觉，人本来都有自觉能力的，就是巨大的欲望把自己的自觉给压下去了，也就是发狠了才去为恶的，否则自己知道不对，又怎么还会去做不对的事情呢？阳明心学就是在这个关键时刻告诉我们，知道不对就不要做。这样你就自救了。

一友问："功夫欲得此知时时接续，一切应感处反觉照管不及，若去事上周旋，又觉不见了。如何则可？"先生曰："此只认良知未真，尚有内外之闲。我这里功夫不由人急心，认得良知头脑是当，去朴实用功，自会透彻。到此便是内外两忘，又何心事不合一。"

—— 《传习录》，门人黄省曾录

| 译文 |

朋友问，做工夫时，要把良知提起来时刻清醒不间断，结果面对外在事物的反应能力就有所不足，如果用心去做事了，则良知的惺惺自觉又感受不到了，这怎么办？王阳明说，这种状况只是自己的良知没有真切地发露，把知与行分做内与外了。我教人做工夫，不让人急着成就事功，而是要求良知主宰要先牢牢把握好，然后诚恳老实地做工夫，自然良知就会越来越透彻，到时候就没有内心与外事的隔阂了，又怎么会心想的跟人做得不一致了呢。

| 解析 |

这一条讲做工夫就要朴实用功。

学生问做工夫，把良知提起以应事，结果又忘掉了，怎么办？阳明回答，这就是工夫未到家，自我意识与价值自觉尚在二分状态中，谓之内外之间。阳明建议，首先把良知作为主宰，就是认得良知头脑是当，去朴实用功，至于如何朴实用功，其实就是老实做工夫，知道对的就去做，不对的就不做，良知所知，一定不自欺，如此累积，自会透彻，最后内外两忘，自我意识与价值意识合一不分，就不会心事不一了。心事不一是心里想的跟实际上做的不一致，心里想的要去人欲存天理，实际上做的却都落入人欲。这就是内心世界里除了想着去人欲之外，还有更里面一层的内心其实欲壑难填，结果行事为其宰制。学生的问题就是这样，阳明的回答只有一个关键，就是"认得良知头脑是当"，这就是意志坚定地依循良知一路的工夫，做工夫的关键在此。只是立志，只是意志坚定。良知固有，知善知恶，依据良知，老实用功，就会有效果。

所以阳明心学的工夫还不是无事时想的仁义是非，反而是有事时当下讲明仁义是非对错，一定是在做事情的时候要求自我，而不是无事时空想而已，这就是做工夫。

问："声、色、货、利〔1〕，恐良知亦不能无。"先生曰："固然。但初学用功，却须扫除荡涤，勿使留积，则适然来遇，始不为累，自然顺而应之。良知只在声、色、货、利上用功。能致得良知精精明明，毫发无蔽，则声、色、货、利之交，无非天则流行矣。"

—— 《传习录》

┃注释┃

〔1〕声、色、货、利，爱好名声、追求美色、累积财货、创造利益。

┃译文┃

有人问，"名声、美色、财货、利益这些事情，恐怕就算是追求良知的人也不能没有这些东西。"阳明说，固然是这样，但是初学的人，却必须把这些东西扫除干净，不要保留，那么以后生活中再碰到这些事情的时候，就不会被拖累，就能够自然处置得当。追求良知，就是在面对自己的名声、美色、货财、利益的事情的时候，以良知主导而处理好事情，能让良知明白主导，没有遮蔽，那么这些事情发生的时候，就是良知作用广大的时候了。

┃解析┃

这一条讲致良知就是要在声色货利的事情上落实。

学生问声色货利恐良知不能无，这个问题问得也不清楚。不能说良知蕴含声色货利的人欲，因为良知纯善，只能说就算有良知在心，人亦未能免除声色货利的人欲。这一点，必须在存有论上说明，那就是人就是理气结构，气禀存在生理之需，过度了就是人欲为恶，就在声色货利上专讨，遗忘了良知，良知只是个至善，至善就是在利他，在以天地万物为一体而无一己之私。阳明回答，一般人尚有声色货利的私欲，在所难免，但要做工夫，就是要把这些私欲涤除荡尽，自己没有了私欲，良知做主宰，则对于他人给自己的声色货利的引诱，便能善为引导而不为束缚，始不为累，自然顺应。一个人做工夫，就是在事上磨炼，做社会的事，自然都是在众人的声色货利之人欲上互动权衡调节，所以良知正是作用在这等事情上的，如此便使得他人的、社会的、国家的声色货利交接之际，就是我们自己的良知发用流行的接管之地。

这段文字实际上就是说良知就是要在"有善有恶意之动"之时，去做"知善知恶、为善去恶"的格物致知的工夫了。佛教讲"烦恼即菩提"，儒家讲事上磨炼，就是自练己心，就要与别人的声色货利打交道。关键是良知主导，那就能随顺适应他人的声色货利之引诱了。

做社会事，就是跟善恶诸事打交道，就是把坏事解决掉，但是坏事恶事自有诱人之处，在面对解决的时候，自己的欲望也会被引诱出来，于是就要自我克制，这就是"声、色、货、利，恐良知亦不能无"的当下，就是做工夫的时刻了。所以，不怕社会是个大染缸，只怕自己根本没有理想，只想纵欲享乐，那么当然就在欲望的旋涡里掉了下去，反之，有理想的人，看清楚声色货利，虽然也会动心，但一定努力克制，自己做自己的工夫，这样人格的力量就一步步提升了。

·

第 四 篇

求 是

《论语》通过谈学习的态度要实事求是；君子不限定自己的角色；做一个进退有据、有勇有谋的儒者，君子一生的过程，从少到老，有三件要自我克制的事情；官场上的互动要依礼而行，以和为贵；求俸禄之道，政治家的角色思维；做事情要找到关键的部分去做才好等方面谈实事求是的价值观。

《人物志》通过看人的格局高下的方法；脚踏实地、实事求是要用在观人之术上两个角度讨论实事求是的重要性。

《传习录》通过讲好名之病如何改正？良知自有轻重的衡量；做事要看能力不要好高骛远；良知就是尽了是非吗？知行合一的道理，念头就是行为以及格物致知为何不要流于口耳？等方面展现是实事求是的做事风格。

2-17：子曰："由〔1〕，诲女知之乎！知之为知之，不知为不知，是知也。"

—— 《论语为政第二》

注释

〔1〕由，孔子的弟子，七十二贤之一。名仲由，字子路，又称季路。个性勇武，言语急切，在《论语》中不时被孔子训诫批评。

译文

孔子说，子路啊，我教给你的东西你都了解了吗？了解了就说了解，不了解就说不了解，这才是自我了解的正确态度。

解析

这一条谈学习的态度要实事求是。

孔子的教学，固然有知识的部分，但更重要的是讲道理，学生的学习，固然要知道知识，更重要的是要懂道理。懂了就会去做，不懂就不会去做，所以要有真懂，才会有真行动。因此，不懂就不要装懂，不懂装懂而去做，也做不到位。所以要真懂而且会去做，这才是真正地知道且懂得了。如果尚未学会，就不要装懂，而要继续求问，这才是正确的学习态度。这就是孔子对子路所讲的这一番话的道理。

在学习上，有没有知道了却不宜承认知道的情况呢，有的，但这一定是在特殊的人际关系的场合上时，一般时候并不需要这样。有没有不知道，却必须装作知道的情况呢，这也很多，这也是在特殊的人际关系的场合时有人会这样的，正常情况下也不会这样。孔子所讲的话，纯粹是在学习的场合，讲学习知识的态度，那就是这一段话讲出来的要点。重点就是勤学，加上诚实，勤学是要积极学习，学到会了为止，诚恳是对知识的使用，知不知道、会还是不会，都诚实以对，最终把自己所知道的，用于对的事情上头。

有时候，职场上需要某些知识技能，但自己却还没学会，怎么办？诚实以对，不要假装会了，这会更难堪，然后积极学习，有必要时，开口请人帮忙。这也说明了，有些情况下，需要某些能力，却还没有这种能力，这是多么困窘的境遇啊。所以，勤于学习，是每天的使命。

对现代人而言，任何工作都需要有证照学历，这就是对于要有真本事的明确要求，必须要有专业的证照才让你做哪个行业，这样才能保证社会国家的安全与人民的福祉。因此假如有人在证照的取得上作假了，这就是绝对不可原谅的犯罪行为了，肯定要受到法律的制裁的。

7-27："子曰："盖有不知而作之者，我无是也。多闻，择其善者而从之，多见而识之。知之次〔1〕也。"

——《论语·述而第七》

注释

〔1〕次，指的是次第。是学习中必须遵守的先后次序。

译文

孔子说，别人做事，有人事情还没搞清楚就去做了，我是不会这样子的。我一定多方听取，从中挑出好的做法去做，并且到处多多观察，完全明白整个事情的要点，然后把事情做好，这才是求知学习的次第。

解析

做事情就是要做对的事情，并且把事情做好，这句话明明白白，这么简单，但为什么还要强调呢？这就是因为很多人虽然在做事，但是心不在事情上头，一顿盲做，这样，做的是什么事呢？有理想有智慧的人，一定是要"先知后行"。要做什么事情，事先搞清楚，目的为何？方法为何？资源何在？人才在哪？要搞清楚这些事情，就是要多听多看，然后选择好的、对的、有效率的方案去做。这就表示，这件事情是一定要做好的，所以态度认真，全力以赴。而不是可以马马虎虎，随便做做，做不成也无妨，做错了也无所谓，这样的态度，在社会上就一定是一事无成的人，一辈子都是社会边缘人，社会多你一个不多，少你一个不少，没有什么事情是非你不可，这样，你就成了个边缘人，关键就是你做的事情是可有可无，可成可败，不知而做。

所以，我们做事就要知而后做，多闻多见而求知，这就是学习的次第。今天的社会，愿意上网，就能知道很多知识了，不求知，上网只是游戏娱乐，就没有大才能了。在职场上做事，做到什么程度算是做好了，这是人各不同的，但这就正是一个人的格局，想想要做到什么程度才是好了，才能安心，这就是在追求自己的理想，形成自己的格局。

2-12：子曰："君子不器〔1〕。"

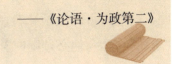

——《论语·为政第二》

〔1〕器，原是器物之意，此处指固定明确的角色任务。

译文

君子不把自己限定在固定的角色职位上做事。

解析

这一条讲君子不限定自己的角色。

一个人在社会上工作，必须有专长，而且专长的门槛越高，能求得的工作越好，待遇也会越高。没有这项专长，而想追求好的工作是不可能的。那么，孔子为什么说君子不把自己限定在固定的专长上呢？这是因为，孔子所说的君子，是要为社会服务的人，社会事务变化万千，需要有人主导政策，带领众人，完成任务，孔子说的就是这样的领导者，为了社会进步，领导者自己不被角色限定，不被职业限定，不被专业技术限定，为什么？因为他随时要承担新的任务，面对新的困境，以便改善社会。如果，他在社会上做事，只是为了自己的温饱，那他就会坚持在某个职位与职务上，凡事以自己的利害为原则，而不顾社会的需要，不顾众人的福利，这样的人，只能做具体事务，做干部，却不适宜担任领导者的角色，并且要有人去管理他，不能让他为私忘公。如果，一个人做事，是为了社会好，他就不会只看到自己的任务，而是会关心整体的进度，只

脚踏实地　实事求是

要有哪些地方不顺利，他都愿意出手帮助原本属于别人的任务，因此，这种人可以做领导者，这也说明了，所有做主管的人，都必须"不器"，因为他必须随时补位、指挥众人。

但是，器也是重要的，任何有能力的人，一旦成为某个职位的专职人员，就必须专心于这件事情，全力以赴，发挥专长，把事情做到最好。而且，"不在其位，不谋其政"（《论语·泰伯第八》），不是他的专业的事情不要乱插手，不要为了抢利益、抢权力而胡乱指挥，否则管理系统会混乱。因此专职者必须要专业，要器，这是对的。至于主管者，则是要领导，要不器。

孔子自己是教师，什么都学，也什么都会，这是因为，他心中有伟大的理想，希望社会国家好，所以他要训练自己，懂得各方面的事情，也要培养学生，完成各种任务。因此孔子自己就是一个不器的人。那么，在学校教书的老师们应该是器还是不器呢？首先，老师是器，因为他要教专业知识，故而是器，但是，教书还要育人，教品格教育时就是不器，要因材施教，以适合学生的方式去启发他引导他，而不是把他们都教成一个模子里的机器。那么学生呢，学生是要学学专业知识，这是培养成器，但学生也要学通才，以便有机会成为领导人，至少是能够与人合作，懂得人际关系，所以要不器，就是培养学生在任何时刻能够因地制宜处理事情的能力。

一句简单的话，不能简单地理解与使用。要多方考究，才是"深入经典，为我所用"之道。

7-10：子谓颜渊〔1〕曰："用之则行，舍之则藏。惟我与尔有是乎！"子路曰："子行三军，则谁与？"子曰："暴虎冯河，死而无悔者，吾不与也。必也临事而惧，好谋而成者也。"

——《论语·述而第七》

注释

〔1〕颜渊，颜回（公元前 521—前 481 年），名回，字子渊，又称颜渊，春秋时鲁国人，孔子最优秀的弟子。

译文

孔子跟颜渊说，有用到我的时候我就好好为他们做事情，不用我做事的时候我也能守住自己的内心而不躁动，这样的品格只有你和我能拥有。(子路听了老师夸奖颜回，也想标榜一下自己)，就说，老师您率领三军作战时，会带着谁在身边一起呢？ (孔子固然知道子路有军事才干，但这样的自我标榜是不对的，沉不住气，也不一定就能打胜仗。)孔子指责地说他，赤手要搏虎，徒步要渡河，就算死了也不后悔，这么冲动的行为，我是不会参与的。我做事一定谨慎畏惧小心翼翼地做，事先规划得好好的，一次就成功。

解析

这一条讲要做一个进退有据、有勇有谋的儒者。

儒者就是要为社会服务的，服务就要有本事，所以平日里都在学习，学政事、学礼仪。但是孔子自己才能太大，理想高远，不是一般的领导者能够重用他的，因此有怀才不遇的感叹，这种心情，无人诉说，却看到自己的学生颜回，始终待在自己的身边，也无意出仕，颜回的这种淡泊的情操感动了老师，所以对颜回说了这样的一段话。既无畏重任，又不求做官，何等高风亮节啊。但他们不是无用之人，甚至是有大才干的人，因为他们有理想，永远有自己可以做的理想的事情，所以能够自我排遣，人家不用我，我就做自己可以掌握的事情。孔子教学，颜回学习，也是快哉。这种不刻意求官的态度，说明了孔子所代表的儒家，是知识分子的典型，不是官本位的人格。孔子这样夸奖颜回，子路听了，想想自己的优点，也有可以与老师并肩作战的条件，因此说了那样一段话，重点是打仗时可是我子路才能陪着老师的。子路确实有军事能力，多少次危急之时都是子路的勇武和子贡的才干而帮老师化解的。但是，子路这种对号入座式的提问，却被老师指责，讲他一味好勇，很可能因此丧命，孔子就曾说他"不得其死然"[1]，意思就是会因为这种过度的刚勇，而使自己丧命，不幸的是，果然言中。孔子认为，勇敢是对的，但一定要谨慎小心，保持畏惧之心，好好谋划，见机而作，一击成功，绝非但凭一时之盲勇。子路真是讨骂挨，孔子不赞许逞强好勇的行为，勇敢一定是配合智与仁，要智、仁、勇三项平衡具备，才是真正的勇敢。

孔子这一段话告诉了我们，每个人在单位里都有本职任务，不论何种职务，一定要做好。至于一些你想做，却没人让你做的事情，就随缘。真正碰到艰难甚至危险的事情的时候，勇气固然是必要的，但谨慎是更重要的。这就是真正的务实。

---

[1] 《论语·先进》：若由也不得其死然。

16-7：孔子曰："君子有三戒〔1〕：少之时，血气未定，戒之在色；及其壮也，血气方刚，戒之在斗；及其老也，血气既衰，戒之在得。"

——《论语·季氏第十六》

注释

〔1〕三戒，三件自我警戒不可违犯的错误之事。

译文

孔子说，君子有三件事情是要终生谨记不要犯错的。年少之时，身体初成，尚不强旺，要戒美色。达及壮年，血气刚强，欲望过多，要戒争斗。到了老年，体力衰退，不堪负荷，要戒贪求。

解析

这一条讲君子一生的过程，从少到老，有三件要自我克制的事情。

此处，孔子把人生分成少之时、壮之时、老之时三个阶段，此三阶段，并皆警之以戒。人生三阶段论，在古人和今人之间而言，有两点差别。首先，古人岁数较短，因此和今天人们的少时、壮时、老时的年纪感受必然是不同的。其次，现代人少年时间段越来越长，也可以说幼稚期越来越长，而同时，以为自己老了的年龄则越来越晚，就像孔子自己就说，"不知老之将至云尔"（《论语·述而》）。可以说，孔子就是非常具有现代感的古人，总觉得自己就是个年轻人，孔子不觉其老，是因为他一直在工作，心中充满了理想，全身充满了干劲，永远像年轻人的心态一般。所以，生理年龄上的少年、壮年、老年是一回事，心理年龄上的少年、壮年、老年又是另一回事。

就今人来说，人生可以永远是少年、壮年时期，没有老年时期，当然，生理上有衰老之日，但是心理上，实无老年之时，关键就是，心态年轻，一直在学习。

孔子说"君子有三戒"：其实，人生应戒之事岂止有三？孔子在其他地方，虽未以戒之名说之，劝告人们行为举止的话也是太多太多了。而此处，以少时、壮时、老时的结构说之，强调生理差异下应注意的事情。人生，就是理想与欲望的拉扯，理想越多，欲望就少；欲望越多，理想就少。孔子所说的人生三个时期的欲望，重点各有不同，但我们也可以说人生三时的欲望，都是一样的，只是呈现的强弱轻重有所不同而已。所以这三种欲望，可以说是终人之一生都是有的，好色争人、好斗争权、好得争利，可以说从少年到老年，都是人的一生在争的欲望。

欲望奔驰，就需要人、需要权、需要利，利也就是各种资源，名利财货皆是。那么理想呢？人也是有理想的，不是只有欲望。追求理想，也需要人、需要权、需要资源。理想要追求，欲望要克制，这就是孔子对人生的告诫。理想和欲望的差别在哪里呢？就在利人利己，还是损人利己，利人利己是理想，损人利己是为恶，是不当的欲望。还有一种是利己而不损人，这是需要，是正当的欲望。

需要人、需要权、需要资源，这些都是正常的，但孔子说的戒是什么意思呢？就是戒其过度，戒其损人，不是不可色、不要权、不拿资源，就算是正德利用厚生，这也是既需要人、也需要权、也需要资源的。

"少之时，血气未定，戒之在色"，少之时生理冲动欲望强烈，戒色怕损身，其实此戒终人一生都需注意，只是少时就发生，少时易过度，因此戒于少时。"及其壮也，血气方刚，戒之在斗"，此时的人生，已在社会立足，拥有众多资源，这是实现人生理想的大好时机，然而，一旦人无理想之时，便只会想到争权夺利，于是时与人斗。其实，与人相斗，自少即始，只是少时资源少，权力小，斗时的投入规模阵仗还算小，尚可回还，及其壮也，一旦相斗，两败俱伤，终生不救，甚至伤害了社会，岂不大伤？"及其老也，血气既衰，戒之在得"得什么？一切的东西。得人得权得财得名得利，过去已经拥有很多，现在来得更多，可以说无福消受了，却不知适可而止，享用过度，耗尽心力，生命就枯萎了。不是老了就不做事，不是年轻就可以多做事，而是年轻时资源少体力好，只要有机会就可以多做。但是，老了以后，资源本就太多，许多该做的事都还没做完，若是再度增加权势名位，只会使你反应不及，反而失神摔倒，损失更大，所以要少得点、少做点，说少做点的时候，其实手上的事情还是太多了，所以要戒之在得，也就是戒之再得，不要再多得了。

孔子是教育家、道德家，但也是生活家，一切的道德教育还是源于生活的真相，从生活中"默而识之"的道理，就是道德教育最佳的题材了。了解人生之戒，就是要脚踏实地，实事求是。

1-12：有子〔1〕曰："礼之用，和为贵；先王之道，斯为美；小大由之。有所不行，知和而和，不以礼节之，亦不可行也。"

——《论语·学而第一》

注释

〔1〕有若，字子有，孔子七十二贤弟子之一。

译文

孔子的弟子有若说，礼的精神就是在与人互动时注重和谐。先王治国以至太平盛世的精神就在于此，大小事情都依礼而为之。当人与人之间的互动有意见不同不能成行的时候，要依礼而行，就是应该和谐处置，不起冲突。但和谐不等于和稀泥，还是要符合礼的精神本质，也就是关心，否则一味追求和谐，也是不对的。

解析

这一条讲官场上的互动要依礼而行，以和为贵。

为国要以礼，官员之间在各种场合的互动要守礼，礼是合宜的行为表现，注重和谐的氛围。如有异见，站在互相关心以及关心人民的角度，必定是和气讨论，取得共识而已，绝不会怒气相向，否则，那就是为利益而来，结果不论选择何种做法，也都只是为了自己的私利而已。但是，不起冲突不是不讲原则，原则还是要讲，只是不以冲突的方式落实原则。讲原则为何会有冲突呢？这是因为，不同单位有不同任务目标，任务目标都是符合单位价值观的，但具体的做法会有特定的形式，因为环境的变动，突发的状况，重大的事件，故而大家会有做法意见上的差异，此时当然不必因此决裂冲突，仍是要追求和谐，但是要以礼节之，就是以仁导之，也就是为了整体的任务的完成，不是自己争先邀功，更不对别人落井下石。做公家的事情，只要站在互相关心的立场，从来没有因守礼而致生冲突的，因礼而致生的冲突，肯定全部都是利益驱动的。所以，一旦有做法上的异见，一方面必须以和为贵，另一方面必须关切到众人的利益及需求，这就不会起大冲突了。最后，两人之间的和解，不能以牺牲他人的利益为前提，也不能共同合作而去伤害别人，这就是仍需"以礼节之"的道理。

这样做事，既守住以和为贵的"礼"，更守住互相关心照顾百姓的"仁"。这才是实事求是的做法，而无一毫私心在其中。

这一条告诫所有的职场上的干部，做公家的事情，却互相冲突，这都是没有以公事为重的思路。但即便不起冲突，也不能不顾是非，还是要是非分明的。

2-18：子张〔1〕学干禄。子曰："多闻〔2〕阙疑，慎言其余，则寡尤；多见〔3〕阙殆，慎行其余，则寡悔。言寡尤，行寡悔，禄在其中矣。"

——《论语·为政第二》

注释

〔1〕子张，颛孙师，姓颛孙、名师，字子张，春秋战国时期陈国人，孔子优秀弟子。

〔2〕多闻，多听人讲话。

〔3〕多见，多参与做事。

译文

学生子张问老师，如何做官得俸禄？孔子说，多听人家讲的话，有疑惑的先不做决定，没疑惑的，讲话时依然要谨慎地讲，就少让人家怨恨。多看人家怎么做，不对的先搁着不做，对的也要小心从事，就少有后悔的事。讲话少得罪人，做事少失误，把事情都做得好好的，不犯错，就等于把官做好了，自然俸禄不会有误了。

解析

这一条讲求俸禄之道。

求俸禄就是求做官，但是，做官的目的是什么？是求俸禄吗？不对的。做官是为了做事，俸禄只是附带的结果，如果只是要俸禄，做生意、做百工、去务农也可以有生活的资财。至于做官得俸禄，这是有更深的意涵的。要知道百姓的生活是靠官员的照顾，官员要好，人民的生活才会好，有能力做官却不务照顾百姓，这就是儒家要批评的。儒家的理想就是为民服务，担任官职而有俸禄是天经地义，但若只是为了俸禄，就会一心求官，结果巴结上司，败坏官箴，官官相护，鱼肉百姓，这样就会导致民怨，过激了就会有社会动荡，这是儒者最不愿意看到的，也是最要去防范的，所以，孔子讲做官就是要把事情做好。做事情要做好就要学着做，包括讲话。讲话有很多关键，就是有礼貌，对事不对人，不做人身攻击。做事有很多关键，就是把事情办好，不要拖延，不要敷衍。听人家说的话，要仔细分辨，不是符合自己意愿的就听，不符合的就不听，要想好自己应该有什么心态，先端正自己的心态，要有为公忘私的心态，然后才能真正地知道人家的话说得对不对，对的要听，不对的不要听，也不要跟着讲。看人家做事，是为公的，让百姓好的，可以跟着做，反之，不是人家做过了的事情，自己就可以做。从头到尾都是自己的仁德之心以为标准，这样才是为官之道。

14-17：子路曰："桓公〔1〕杀公子纠〔2〕，召忽〔3〕死之，管仲不死。曰未仁乎?"子曰："桓公九合诸侯，不以兵车，管仲之力也。如其仁! 如其仁!"

14-18：子贡曰："管仲非仁者与? 桓公杀公子纠，不能死，又相之。"子曰："管仲相桓公，霸诸侯，一匡天下，民到于今受其赐；微管仲，吾其被发左衽〔4〕矣! 岂若匹夫匹妇之为谅也，自经于沟渎，而莫之知也!"

——《论语·宪问第十四》

注释

〔1〕齐桓公，春秋五霸之首，即公子小白，重用管仲，称霸天下。晚年昏庸，被大臣作乱而饿死。

〔2〕公子纠，齐桓公之兄，母亲为鲁国人，齐襄公死，齐国内乱时在鲁，欲与小白争君位，小白夺齐君位，要求鲁国杀死公子纠。

〔3〕召忽，公子纠出亡在鲁时伴随之大臣，时管仲亦在公子纠旁。

〔4〕被发左衽，参见百度："披散着头发，大襟开在左边。中国古代中原地区以外的少数民族的风俗和装束。也比喻被异民族统治。"《论语·宪问》："子曰：'微管仲，吾其被（披）发左衽矣。'"

译文

子路提出问题。齐桓公杀了他的哥哥公子纠，公子纠的门生召忽也被刑杀，管仲却得不死，这样是否管仲不仁呢? 孔子说，齐桓公召集了九次的诸侯会议，靠的是外交而非军事行动，这就是管仲主政齐国的功业，这就是管仲的仁德之心的表现。

子贡也提出问题。管仲是否对他的主人不仁呢？桓公杀公子纠，管仲没有陪着受刑而死，竟然还襄助桓公料理国政。孔子说，管仲为桓公主持国政，称霸诸侯，统一了天下，天下百姓都受到这个德政的照顾，否则，夷狄入侵中原，我们都得胡服胡发了。管仲哪会像小老百姓一样，遵守忠君而死的礼法，在沟渠里自杀，默默无闻而死。

▌解析▌

这一条讲政治家的角色思维。

忠君爱国是传统的美德，但忠君不等于就要死君，孔子时代的诸侯国君，重用了臣子，臣子当然要勠力效忠以成君事，这就是事君之道。但是对于儒者而言，事君是为了服务天下百姓，百姓就是君王必须照顾的对象，要照顾百姓，君王就要行仁政，对自己的百姓行仁政，也对天下的百姓行仁政，君王能做到这个地步，这就是儒者要侍奉的君王，这就是儒者生命的职责，为这样的君王死君是值得的。如果君王动不动就向他国刀兵相见，这就是为土地财富而杀人，这样的君王就不必对他死君了。管仲之功业，除了推动经济建设，让齐国强大以外，更伟大的事业是召开国际会议，让诸侯之间的冲突，借由政治协商解决，于是齐桓公称霸天下的期间，减少了不义的战争，天下太平是最重要的，百姓不必无谓地战死沙场是最重要的，这才是政治人物最大的贡献，这样的功业，不是管仲谁能办到。所以，孔子称赞管仲是仁者。所谓的忠君与死君问题，管仲不是杀公子纠的人，不弑君是儒者的自许，死君就不是了，死君者只是道德冬烘，关键在于君王是否是一个好的君王，以及自己是否有机会辅佐好的君王。且公子纠不是君王，只是管仲只是侍奉的主人，兄弟相争，本是悲剧，这是古代政治制度的缺点，管仲就是齐国人，有机会辅佐齐王，为天下百姓谋福利，所以，孔子绝对赞许他。因为，照顾天下百姓，才是最重要的道德，不是死守国君一人。虽然齐桓公算不上是一位好的君王，但至少他重用了管仲，而管仲之功业，说明了他确实是好臣子，是圣贤之流，因为他稳定了天下的政治秩序，让百姓免于战争之苦，这是孔子绝对赞许的真正道德事业、仁德之心。这正是实事求是地评价古人之道。

15-9：子贡〔1〕问为仁。子曰："工欲善其事，必先利其器。居是邦也，事其大夫之贤者，友其士之仁者。"

——《论语·卫灵公第十五》

注释

〔1〕子贡，端木赐，孔子优秀弟子。

译文

子贡问老师为仁的方法，孔子说，百工技艺，要把事情做好，先把工具备好。我们在一个国家，想要帮助他们的政治，就先协助他们国家官员中的贤人，并且和他们知识分子中的仁者交往。

解析

这一条讲做事情要找到关键的部分去做才好。

子贡问为仁，"为仁"是做有仁德的事情。这里显然是针对师徒俩周游列国时，为了实现仁政的理想，到了他国时，应该怎么做的情境而问的。大夫，就是官员。士，指民间知识分子。"工欲善其事，必先利其器。"讲一般人做事要注重方法，工人施工，要有好的工具，这样做事才能事半功倍，而有效果。孔子说在他国要与闻国政，就必须"事其大夫之贤者，友其士之仁者"，这样做，才能与闻国政。

《论语》中有另一段话可以和这句话互相参照，"子禽①问于子

---

① 春秋时期人，姓陈名亢，字子禽。

脚踏实地 实事求是

贡曰：夫子至于是邦也，必闻其政，求之与？抑与之与？子贡曰：夫子温、良、恭、俭、让以得之。夫子之求之也，其诸异乎人之求之与！"（《论语·学而第一》）孔子之所以周游列国，当然是为了寻找从政的机会，以为该国服务，所以孔子必须主动关心政治，因此就得要积极联系人才，了解该国实情，结交贤能人士，以追求服务的机会，落实服务的理想。应该说，各国不是没有贤臣贤士，但是却都不能有好的国君，孔子的理想是伟大的，并不是为了做个小官谋一己之稻粱，而是要协助各个国家行仁政、爱百姓，所以以其特有的人品，温良恭俭让以得之，知晓国政，提出建言。可惜，未遇明君，只得无功而返。但是，既是为了仁政，当然要结交贤人。这就是这句中国名言之所出处。

"工欲善其事，必先利其器。"后来，这句话本身的魅力，甚至超越了孔子当时要处理的政事，成为大家所谈论使用频率超高的一句名言。讲的是要把事情做好，必须把工具备好。这就启发了大家，无论做什么事情，基础工作要做好，否则既无效率，又难以成功。

心小志大者，圣贤之伦也；

心大志大者，豪杰之隽也；

心大志小者，傲荡之类也；

心小志小者，拘懦之人也。〔1〕

—— 《人物志·七谬第十》〔2〕

注释

〔1〕语出《人物志·七谬第十》"三曰度心有大小之误"。"夫精欲深微，质欲懿重，志欲弘大，心欲嗛小。精微所以入神妙也，懿重所以崇德宇也，志大所以戡物任也，心小所以慎咎悔也。故《诗》咏文王：'小心翼翼''不大声以色。'小心也；'王赫斯怒，以对于天下。'志大也。由此论之，心小志大者，圣贤之伦也；心大志大者，豪杰之隽也；心大志小者，傲荡之类也；心小志小者，拘懦之人也。众人之察，或陋其心小，或壮其志大，是误于小大者也。"

〔2〕《人物志·七谬第十》，本篇说明种种错识他人的原因，通常是因为自己的关系，而不容易看清楚的他人的优缺点，本篇教导如何避免自己的偏见，而准确地找出别人的优缺点。这是从错识人才的类型，谈人的缺点。

译文

态度上谨小慎微，却有服务天下的志向者，是圣贤等级的人物。态度上公然张扬，又有服务天下的志向者，是豪杰等级的人物。态度上公然张扬，却只顾自己利害者，是狂妄的小人。态度上谨小慎微，却十分顾及自己的私利者，是懦弱之人。

┃解析┃

这一条讲看人的格局高下的方法。

看人的多方品格时，会因看大不看小而犯错误。道理是，有些品格要大器，有些品格要谨小，这才是看人的要点。人品的种种特质所要求的重点是各不相同的，例如，思考的精力要深刻细微，这样想事情才能够专精细致。而个性品格要厚重笃实，这样才能仁爱他人。志向则要高远宏大，这样才能承担重任，以及真正能为世人谋福祉。至于处理事情与待人接物方面的心思，务必谨小慎微、深思细腻，这样才能处事成功，不遭咎悔。精微是重要的能力，精微则得以致思入神，领会他人所不及的深度。懿重也是重要的能力，懿重才能充满爱心，追求德行。志大是有服务社会的理想，志大才能承担重任，照顾世人。心小则是谨小慎微的态度，心小才能体贴人心，面面俱到，又能让自己不会犯人忌讳，而受到人家的伤害。所以，有些品格要大气，有些品格要谨小，就是这个道理。精微是讲聪明程度，品格是讲关爱之心，志向是说理想大小，心态是谈欲望多寡。

例如周文王，从来都是小心翼翼地侍奉商纣，对待下属从不大声喝斥，这就是他心小的地方。然而为讨伐盗匪，他也会一怒而震天下，这是他志大的地方。所以，圣贤之才，心小志大，处事细心为小，胸怀天下为大。至于豪杰之士，心大志大，任何场合，都表现得理直气壮，从不委屈自己，但也还志向远大，确实为民谋利。像豪杰这种人，须得圣贤之赏识，才有机会效命于伟大事业中，否则其口气大的毛病，就会使人讨厌。至于心气粗鲁却志气狭小者，只是狂荡无用之人，都在俗务琐事上争胜称雄，这就是心大，但他没有服务天下的理想，这就是志小。这种人在社会上总是制造麻烦与混乱。而谨慎过头且胸无大志者，便只是懦弱的小人了，他既无理想，做事又怕这怕那，对社会一无用处，人生一遭算是白来了。

一般人在看人才的时候，以为客客气气的人就不足观，其实对方可能正是大圣贤，你只看到他对人谦恭客气的心小一面，却看不到他勇于承担的坚毅志节。又或者以为好说大话的就一定是志向远大的优异人才，这也未必，你没有同时看到他的其余缺点，而那些缺点可能让他成不了大器。这就是说，看人的品质，不能是看表面的、单面向的或大或小的问题，而是要注意哪些事情该表现的大器，哪些事情必须要能谨小慎微、谦虚待人，这才深刻入理。

这才是实事求是的观人之术。

故居视其所安，达视其所举，富视其所与，穷视其所为，贫视其所取，然后乃能知贤否。〔1〕

——《人物志·效难第十一》〔2〕

注释

〔1〕语出《人物志·效难第十一》，"夫名非实，用之不效，故曰：名犹口进，而实从事退。中情之人，名不副实，用之有效；故名由众退，而实从事章。此草创之常失也。故必待居止，然后识之。故居视其所安，达视其所举，富视其所与，穷视其所为，贫视其所取。然后乃能知贤否。此又已试，非始相也。所以知质未足以知其略，且天下之人，不可得皆与游处。或志趣变易，随物而化；或未至而悬欲，或已至而易顾，或穷约而力行，或得志而从欲；此又居止之所失也。由是论之，能两得其要，是难知之难。"

〔2〕《人物志·效难第十一》，本篇说明人才之所以不为所知，及不能被用的原因，是因为有种种因素造成人才的真相被隐匿，不易被发觉本篇说明人才"不易被发掘"及"不易被拔擢"的原因。

译文

平时居家生活，看他安住于什么行业。被提拔做了官，看他又拔擢了什么样的人。有了财富，看他分享给什么人。没有权势高位时，看他还有哪些作为。贫穷没钱时，看他会用什么方式取得钱财。以上述种种角度看人，才能知道是否真正贤能。

解析

这一条讲脚踏实地实事求是，也要用在观人之术上。

一个人的名声跟他的才能有时候并不对称，如果一个人有好名声，却没有真材实料，则在众人验证其才能时，就显现不出来了，就会被看破。相反的，众人看不出是人才的人，他也没有显赫的名声，但他却是真有才干的，只要给他机会做事，他的才干就当场显示出来了。所以，这种人的名声，虽因众人不识，故不彰显，但却能因为有实际上的作为，而让大家知道他是真正有才华之人。这就是从表面的名声来看人时，所常有的错误，这就需要靠长期的观察，看他在做事后的实效，才能订正错误，终于看清的。看得够久，判断才会正确。因为有了长期的观察，原来初视时以为不好的会变成好的，或者是，正好相反。那么要如何对没有名声而有才能的人看出他的能力呢？以下就是这一条所讲的标准。

"居视其所安"，是长期看他实际的作为有哪些重点呢。未获举官而安居在家时，看他是否心情平静、安于现况，但仍积极学习准备，这样的人就是可以拔擢的。"达视其所举"，是当他掌握实权而事业发达时，看他举用的人才，是攀附权贵，任用私人，还是拔擢寒门，用人唯才，就可以知道他想做的事情，而了解他真正的格局。"富视其所与"，当他富裕时，看他有没有真正的救助贫弱的施予行为，还是只能锦上添花，继续攀附高贵？这决定他是否内心仁爱，心中有仁爱者，就可以提拔。"穷视其所为"，当他不遇拔擢时，看他的平日行径，是否能守道安分，并且坚持是非，努力不懈，仍然做着有意义有贡献的事业，还是就此荒废懈怠，甚至颓废放纵，这是最好的观人时节。"贫视其所取，然后乃能知贤否"，当他贫困的时候，看他的节操，是否不问黑白，能取即取？还是有所取，有所不取？要经过这样的长期观察，才能彻底深入地知道一个人的贤能与否。

　　所以，真正有大才干的人，都是默而识之，话不多说，就把人事物看得清清楚楚的，因此我们做人做事，时刻要明白，不论什么起心动念，以及事情作为，都有人在观察我们，所以务必慎独。人际关系不是你在飞黄腾达时所做的事情会有效果，你在卑微无权无势时的所作所为就在做人际关系了，真正厉害的人，只看你的品格，而不是你对他的取悦行为，利害关系是短暂的，道义之交才是永恒的。

问道之精粗。先生曰："道无精粗，人之所见有精粗；如这一间房，人初进来，只见一个大规模如此，处久，便柱壁[1]之类，一一看得明白，再久，如柱上有些文藻[2]，细细都看出来，然只是一间房。"

——《传习录》，门人陆澄录

译文

学生问天道的精粗之别。阳明说：道就是道，本身无所谓精粗，只是一般人见道的程度有精粗。就好像进了一间屋子，刚进来时只是看到大概，在屋里待久了，才会看到墙壁柱子，继续待下去，更会看到柱子上的青霉菌藻，再怎么细的发霉都看得清，但这还是本来的那个房间呀。

解析

学生问道之精粗，就是在问，求道者如何把道做到精细而不粗鲁？一个人求道，做服务社会的事情，如何把事情做到最完美呢？关键就在对事业把握的精粗之别，道是天道，人守天道就是做天道在做的事情，天道养人，人则正德利用厚生，人之求道，就是把人事做好。天道生生不息，人道就是一个单纯的善念，天道无精粗，但是人道功力有精粗，人道如何能够做到精细而不粗鲁？就是要多做事，看人看事才能看得透。什么场合、说什么话，自己可以一看就明白，如此处置就能得当。把身边的事情多想几遍，就像孔子说的"默而识之"，这就是练心法的武功，人情事变的功力需练得越精越好，精粗之别就是表现在处事时的规划、考虑的表里深浅。阳明以进屋做比喻，初时就是一间屋子，待久细查就知道屋里的一切形象状貌，办活动做事情亦然，就是要有心、要用心，把事情的细节顾好，《菜根谭》说：要缜密不要琐屑。缜密就是真正用心，琐屑就只是在小事情上表演。

　　在职场上做事情的人，领导交办了任务，不同的人员做出不同的效果，为什么？就是精粗的把握度不同，越用心的人，看到的细节越多，就能把事情处理得越为圆满。所以职场上的胜负优劣不是没有原因的，谁用心更多些，谁才会是最成功的那个人。

先生曰："为学大病在好名。"侃曰："从前岁自谓此病已轻，比来精察，乃知全未。岂必务外为人〔1〕，只闻誉而喜，闻毁而闷，即是此病发来。"曰："最是。名与实对，务实之心重一分，则务名之心轻一分；全是务实之心，即全无务名之心；若务实之心如饥之求食，渴之求饮，安得更有工夫好名?"又曰："'疾没世而名不称'，称字去声读，亦'声闻过情，君子耻之'之意。实不称名，生犹可补，没则无及矣。'四十五十而无闻'，是不闻道，非无声闻也。孔子云，'是闻也，非达也。'安肯以此望人。"

—— 《传习录》，门人薛侃录

注释

〔1〕务外求人，做人往外求，做事表演给别人看，不是自己真正认真去做的事情。

译文

阳明讲学者求道的大毛病就是好名。薛侃说：本来以为自己已经没有这种大毛病了，最近反思，才知尚存此病。虽然不是好为人知，但是听到称赞还是会兴奋，听到毁谤还是会烦闷，这就是还有好名之病。阳明说，正确无误。做工夫时，名与学是对立的。务实重一分，务名就减一分，只有务实，就完全不务名。以饥食渴饮的态度务实，就没工夫好名了。孔子讲"疾没世而名不称"①，称读重

---

① 《论语·卫灵公第十五》，子曰："君子疾没世而名不称焉。"

音，是对当的意思。就是"声闻过情，君子耻之"的意思。名实不对当，四五十岁时还有机会补上，死了就没机会了。所以是害怕到了四五十岁时还不知道求道真谛，而不是担心没有名气，想要追求名气，孔子说，名气只是名气，不是能力，所以不重声名，只重务实。

┃解析┃

这一条讲好名之病如何改正。

王阳明讲知识分子的大病在于好名，学生说自己确实有此病，闻誉而喜，闻毁而闷，就是太在乎名声的情绪反应。王阳明告知，要务实，务实就不务名了，务名就是为人之学，做给人家看的，务实就是为己之学，自己做给自己的。一心务实做事，就不会虚伪表演，就不会在意他人的称誉，只是认真做事。王阳明又讨论了《论语》中的相关文句，主张孔子讲的四五十岁而无闻，是无闻道，无闻道可以矣夫，而不是没有在外的知名度，只求知名度是声闻过于其情，孔子要追求的是达，不追求闻。

笔者以为，孔子确实求达不求闻，但孔子说的四五十岁而无闻之闻，可以就是他人给予的名声，而不必只是讲自己的闻道，因为他人给予的名声就是基于自己的闻道求道行道之结果的好名闻之声，是行道之声闻，故有闻，不是只是知名度而已。此闻是有求道之行之名声，这样解读比较简单，符合文气，也不失宗旨。

关于好名，好名就是好胜，好胜就是爱己甚于爱人，人心要大，大就能爱人，人心小了，就只爱自己，这时候就好名了。务实就是服务，就是心大。如果只想要出名，这不是务实，也不是达，这是无达之闻，四五十岁要务实、要达，那就不务名、不好名，这才是实至名归。务实会不会有名呢？会的，务实者必有实效，实效则是社会众人共享其利，则此时务实者自然受到称誉，且是实至名归。

做人做事要实事求是，不要求知名度，也不要求有德者的美名，而是让美德之名自然而来，来自他人，而不是用心力去求得的才好。

盖良知只是一个天理自然明觉发见处，只是一个真诚恻怛〔1〕，便是他本体。——良知只是一个，随他发见流行处，当下具足，更无去来，不须假借。然其发见流行处，却自有轻重厚薄，毫发不容增减者，所谓天然自有之中也。

——《传习录》

|注释|

〔1〕恻怛，恻隐之心，极尽哀痛。

|译文|

良知是天道天理在人身上的自然呈现，它只是做事诚诚恳恳而已，对别人感同身受，这就是良知本体的作用。——它是一个人生命的唯一主宰，不论在哪件事上展现，只要它主导，就会完整无缺漏，它也始终存在不会跑掉，它自己做主不依赖别的。但它的作为中一定有面对各种价值冲突时的轻重厚薄的考虑，而且在这之中做出最佳的抉择，只此最佳抉择，不能再增减丝毫，这个抉择是来自天道天理天然自有的。

|解析|

这一条讲良知自有轻重的衡量。

阳明讲良知，已经是境界工夫的说法了，良知提起，全体无碍，没有一丝人欲掺杂其间，它应对任何情境，同一本体，它做各种处置，事事有别。不论是忠君事兄，只是同一个良知，又讲轻重厚薄，不容增减，这都是讲主体致良知已然臻至化境的境界工夫状态。

首先，事君事亲都是同一个良知，一方不能真诚恻怛，另一方就不能达到纯粹，这是因为，一般人都是在追求道德的同时又有人欲，这件事情天理多些，那件事情人欲多些，每件事情都不是完全的纯粹，不在这里人欲，就在那里人欲。人是一个整体，良知完全发露，一切真诚，就不会这里良知那里人欲了。但是，凡人都是做不到的，因此阳明这样的说法，只能是就圣贤说了，所以此处笔者说这是已经达到境界者的境界工夫了。其次，轻重厚薄是关键，阳明是儒者，整天为国为民，但有种种现实情境，任一件事都是许多利害是非的考虑，是非没有问题，涉及他人的利害的处理就有轻重厚薄，关键还是是非的掌握，良知清明，经验知识丰厚，就能做出准确的判断，不能事事圆满，就须衡量裁断，单纯利他，无间于对象，皆同一心，然自有轻重厚薄，裁当结果，必是不容毫发差池，这又是良知清明的结果，这还是圣贤的境界。就凡人而言，必是天理人欲不断交战，厚薄轻重不能慎断，自己跟自己讨价还价一番，所以有增减假借。

　　要脚踏实地实事求是，关键就是如何是"是"，一件事情不论怎么做都能找到一些理由来辩驳一番，在众多互相对立的理由中其实必须要有一个最高的权衡，才能决定出最不自私的方案，这就是轻重厚薄的多方考虑，阳明认为良知能够搞清楚它，而我们一般人的日常生活中却常常患得患失、天人交战或是狡辩托词，搞不定自己，也就搞不定事功，关键是做事情的目标不统一，这也要那也要，现实上就是矛盾的，但欲望上就是放不下，其结果就是自己毁了自己的事功，阳明说的厚薄轻重之所以能够确定，就是价值单一化了，那么判断当然也就明确化了。所以心学的工夫，就用在减少欲望，找出核心价值，那么应该做哪一个选择，自然实事求是，不会还有失误了。

先生曰："我辈致知，只是各随分限所及〔1〕；今日良知见在如此，只随今日所知扩充到底，明日良知又有开悟，便从明日所知扩充到底，如此方是精一功夫。与人论学，亦须随人分限所及；如树有这些萌芽，只把这些水去灌溉，萌芽再长，便又加水，自拱把〔2〕以至合抱，灌溉之功皆是随其分限所及，若些小萌芽，有一桶水在，尽要倾上，便浸坏他了。"

——《传习录》，门人黄直录

注释

〔1〕各随分限所及，随着个人目前的程度做出眼下该做的事情，不好高骛远，也不逃避推诿。

〔2〕拱，两手掌相合而把握，把，双手环抱。《孟子·告子上》："拱把之桐梓，人苟欲生之，皆知所以养之者。"

译文

我们做致良知工夫，只是随能力等级的高度去做，今天真诚恻怛有鉴于此，就在这里彻底落实。明天又有新的认识，就在那个层次上彻底做好，这样才是专一致至的工夫。对别人讲学求道，也要顺着他目前理解的程度做要求。就像小树刚刚萌芽，只能浇灌一些水，萌芽再长大一些，再加多一点水。随着树干一直长大长粗，浇水的分量都要随着这个程度来，如果只是一个小萌芽，便用一大桶水去浇灌，就会把整个树芽给浸泡坏了。

解析

这一条讲做事要看能力不要好高骛远。

前说良知事君事兄是一个，说良知轻重厚薄是一个，都是达圣境者才能有的作为。此处却从圣境上下来，就凡人而说凡人能做的工夫，是从自己目前所已知处发用即可，此说合于成色分两说，就分限所及，做已经知道的对的事情，便是致良知了。但此说又有更积极处，讲随今日开悟明日开悟之知去做事，意即日日要有新的开悟，再去新的更高的标准处落实良知。阳明关切到，凡人力量有限，但对凡人的要求仍是一样，要他就分限所及做良知上对的事情，就是能力上做得到的事情。不过，凡人固然能提起良知，但仍有人欲夹杂，对的事情能做的做，不对的事情也还是同时会做，所以凡人的良知提起是不完整的，因其自觉也不够完整。阳明讲随能力而作为，即就其已经自觉到的事情，要求他做到就好了，不可要求过高，否则如小苗被大水浸坏，这是就做服务事业的规模而言，就承担天下的艰难而言，做不到不必硬做，否则也做不好，还坏了他的正直之心。但是，就是非对错而言，那是不能有折扣的，只是在大是大非面前，依然有能力高下之别，那就只依据眼下的能力而做为就好，不必做那无能力的事情，若是如此，也是不务实。因此，我们对别人的要求与期望，也不可以一下就拉到最高，人家有多大本事，就让他把能做的部分做好，否则，要求过大，期许过高，承担不起，以致半途而废，则反而更糟，不如脚踏实地，实事求是，才是上策。

脚踏实地 实事求是

223

良知只是个是非之心；是非只是个好恶，只好恶就尽了是非，只是非就尽了万事万变。"又曰："是非两字是个大规矩〔1〕，巧处则存乎其人。

—— 《传习录》，门人黄省曾录

注释

〔1〕这里的大规矩指的是做工夫的最高目标。

译文

良知是一个能够知道是非、分辨善恶的主宰心，是非之知的重点在于好善恶恶，能够好善恶恶就是落实了是非，能把是非做得好就是把天下事情做好了。讲是非就是做工夫的最高目标，至于如何操作的技巧则依照个人的悟性落实即可。

解析

这一条讲良知就是尽了是非。

说良知是是非之心，就是说良知能够清楚地分辨是非，这就是道德意志的主宰之处，说是非只是个好恶，是说对是非之知就是主体意志要贯彻落实之处了，好恶就是意志要落实了，既然意志坚定地落实好恶，当然也就落实了是非对错之事，于是天下万事万变都处理好了。对于阳明而言，事情该怎么做的重点在是非，也就是价值上的取舍，而不是具体操作知识，既然谈的是价值意识，则是非对错就要去落实，这就是好恶，且当然是好善恶恶，依据良知好善恶恶，那就是完成了是非，也完成了人间事务。王阳明谈的心学重点，永远是只管价值意识、道德意志，所以说是非乃是大规矩，至于具体如何做，这已经是第二层次以下的事情了，就看个人聪明能力就好，所以说巧处存乎其人。这也再次说明，阳明谈工夫论，就是讲意志坚定，知是非尽好恶。

知者行之始，行者知之成。圣学只一个功夫。知、行不可分作两事。

—— 《传习录》，门人陆澄录

| 译文 |

知是非对错是道德行动的开始，做道德事业是良知之是非的完成，学做圣人只有一个工夫，知和行不是分做两件事。

| 解析 |

这一条讲知行合一的道理。

有志向的人，求知就是为了行动，求知就是行动的开始，而有了行动也才是求知的落实，知行不是两件事，是一件事。此说特别是为了对治两种弊端，其一是一心求知识长进，只为了自己升官发财；其二是良知上知道了该做的事，却没有去做。前者对治官场习气，后者对治学者通病。工夫论上知行就必须是一件事。

问知、行合一。先生曰：“此须识我立言宗旨〔1〕。今人学问，只因知、行分作两件，故有一念发动，虽是不善，然却未曾行，便不去禁止。我今说个‘知、行合一’，正要人晓得一念发动处，便即是行了；发动处有不善，就将这不善的念克倒了，须要彻根彻底不使那一念不善潜伏在胸中；此是我立言宗旨。”

——《传习录》，门人黄直录

注释

〔1〕宗旨，就是讲话写文章的最终目标、根本价值。

译文

　　人问知行合一的道理。阳明说，必须要知道我讲这话的根本立场，现代人做学问，把知行分开成了两件事，所以有了一个恶念出来，虽然还没做坏事，却不禁止自己保有这个恶念。我所说的知行合一，主张念头就是行为，念头有恶，就在这里克除，要彻底不让丝毫恶念留存心里，这就是我的根本立场。

解析

　　这一条讲念头就是行为。

　　阳明心学，就是做工夫的哲学，而所谓做工夫，就是心理上的纯粹化意志的活动。做工夫就是直接在念头上做，念头上就要去人欲存天理，而不是行为上不为恶而已，克除恶念就是做工夫，为善去恶包括去恶念，因此做工夫是分分秒秒的事业。阳明言知，不谈知识，谈念头，念头正了，行为也正了，这就是"知行合一"的宗旨。知行合一当然是对的就要去做，至于不对的，在念头上就要制止了，念头上的行为也是行为，就是做工夫了。

先生曰："今为吾所谓'格物'之学者，尚多流于口耳〔1〕，况为口耳之学者，能反于此乎！天理、人欲，其精微必时时用力省察克治，方日渐有见。如今一说话之间，虽只讲天理，不知心中倏忽之间〔2〕，已有多少私欲；盖有窃发而不知者，虽用力察之，尚不易见，况徒口讲而可得尽知乎！今只管讲天理来顿放着不循，讲人欲来顿放着不去，岂'格物'、'致知'之学！后世之学，其极至只做得个'义袭而取'的工夫。"

——《传习录》，门人陆澄录

注释

〔1〕伟大的志向只是嘴巴说说，人生的理想只是耳朵听听，这就是知而不行。

〔2〕倏忽之间，即一瞬间。

译文

阳明说，那些做我的格物之学的人，多还只是说说听听而已，更何况那些只好口耳的人，难道能好好实践吗？格物就是存天理去人欲，必须随时用心，才致精微，才有进步。一般人一开口，几句话不离天理，殊不知心中已经闪过多少自私念头，因为私欲隐微易藏，有心查知都还不见得看清楚，何况只是当话说说而已的人，能知道自己有多少私欲吗？如今，大家嘴上讲天理却不去照做，有人欲在心却不去克除，这怎能是格物致知之学的真正做法。这些人的所学，做得再好，也只是外表上模仿仁义的行为而已。

脚踏实地 实事求是

|解析|

　　这一条讲格物致知不要流于口耳。

　　阳明将格物解成去除恶念，强调就是要在心上实做克去的工夫，当下去做，不要只是口头上说话而已，阳明此说还是在批评研究学问之路，该知道的都已经知道了，只是没去做，那么再多的知识也是无用，无助于社会国家天下百姓人民，口头讲天理的知识，脑中闪着人欲的念头，讲天理而不去做，有人欲而不去除，这对圣学而言完全无用。所以，格物宜解为正念头、除恶念，而不是解知识，这是阳明自己的创见，有助于端正人心，但对文本解读，并不准确。

责任编辑：洪　琼

版式设计：顾杰珍

图书在版编目（CIP）数据

脚踏实地　实事求是／杜保瑞 编著 . —北京：人民出版社，2022.5

（典亮世界丛书）

ISBN 978 - 7 - 01 - 024286 - 6

I. ①脚⋯　　II. ①杜⋯　　III. ①品德教育 - 中国 - 通俗读物　　IV. ① D648-49

中国版本图书馆 CIP 数据核字（2021）第 258748 号

脚踏实地　实事求是

JIAOTASHIDI SHISHIQIUSHI

杜保瑞　编著

人民出版社 出版发行

（100706　北京市东城区隆福寺街 99 号）

北京中科印刷有限公司印刷　新华书店经销

2022 年 5 月第 1 版　2022 年 5 月北京第 1 次印刷

开本：710 毫米 × 1000 毫米 1/16　印张：14.75

字数：230 千字

ISBN 978 - 7 - 01 - 024286 - 6　定价：69.00 元

邮购地址 100706　北京市东城区隆福寺街 99 号

人民东方图书销售中心　电话（010）65250042　65289539